Cómo Analizar a Las Personas y Lenguaje Corporal

Decodifica el comportamiento humano con psicología oscura, manipulación, persuasión, inteligencia emocional, PNL y secretos de control mental para leer a las personas como un libro.

Vincent McDaniel

Copyright © 2022 por Vincent McDaniel

Reservados todos los derechos.

No es legal reproducir, duplicar o transmitir ninguna parte de este documento en medios electrónicos o en formato impreso. La grabación de esta publicación está estrictamente prohibida y no se permite el almacenamiento de este documento a menos que cuente con el permiso por escrito del editor, excepto para el uso de citas breves en una reseña de un libro.

Contenido

Introducción - Cómo Analizar a Las Personas   1

1. Entiéndete a ti mismo primero   4
   ¿Cuál es tu tipo de personalidad social?
   La forma correcta de comportarse
   Perfeccionar tu yo interior - Experimento
   La importancia del autoconocimiento
   Analizándote a ti mismo

2. Por Qué Analizar a las Personas   15
   La importancia de comprender a la gente
   Ventajas de analizar a las personas
   Cómo analizar a las personas

3. Comprensión de la personalidad para analizar mejor a los demás … 24
    ¿Qué es la personalidad?
    ¿Cuáles son las características de la personalidad?
    Pero, ¿cómo se desarrolla la personalidad?
    ¿Qué dicen las teorías de tipos?
    Rasgos pares tienen sus teorías únicas
    Teorías psicodinámicas
    Teorías del comportamiento
    Teorías humanistas
    Introvertido versus extrovertido

4. Analizar a las Personas usando el Lenguaje Corporal … 33
    Cuatro temperamentos
    Lenguaje corporal positivo
    Señales negativas de personalidad
    Tener una meta en mente

Pedido de Ayuda … 47

5. Comprender valores, creencias y actitudes … 50
    ¿Qué es una creencia?
    ¿Qué son los valores?
    ¿Qué son las actitudes?
    El desafío con las actitudes
    Similitudes entre valores y actitudes
    Analizar a las personas teniendo en cuenta sus valores y creencias personales
    Respetar las actitudes, creencias y principios de los demás
    Sé consciente de los valores y creencias de los demás al comunicarte
    Creencias, actitudes y valores y su relación con las seis necesidades humanas básicas

6. Lenguaje Corporal 66
 Lenguaje corporal de la cabeza
 Lenguaje corporal de la boca
 Lenguaje corporal de los ojos
 Lenguaje corporal del torso
 Observar el lenguaje corporal
7. Analizando Personas con PNL 82
 Comienza con las diferencias generacionales
 Reconoce botones rojos
 Comprobar personalidades
 Debes estar atento a las señales de comunicación no verbal
 Sé un buen oyente

Palabras Finales - Cómo Analizar a Las Personas 89

Introducción - Lenguaje Corporal 92

8. Comprender el Lenguaje Corporal 96
 ¿Qué No es el lenguaje corporal?
 Comprender el lenguaje corporal
 ¿Cómo leer el lenguaje corporal?
 Leer el lenguaje corporal

9. Lenguaje Corporal y Mentalidad 103
 Cómo el lenguaje corporal mejora tu mentalidad
 ¿El lenguaje corporal influye en nuestro estado de ánimo?

10. Tipos Principales de Lenguaje Corporal 107
    Lenguaje corporal agresivo
    Lenguaje corporal consciente
    Lenguaje corporal cerrado
    Lenguaje corporal engañoso
    Lenguaje corporal defensivo
    Lenguaje corporal dominante
    Emociones y el lenguaje corporal
    Lenguaje corporal relajado/abierto
    Lenguaje corporal sumiso

11. Dominar el Arte de Analizar Personas 122
    Pistas del lenguaje corporal: conceptos básicos
    Pistas corporales
    Señales de los hombros, cuello y caderas

12. Interpretando el Lenguaje Corporal de Pies a Cabeza 128
    Cabeza
    Cara
    Ojos
    Contacto visual
    Movimientos oculares
    Expresiones de los ojos
    Los ojos en el romance y el coqueteo
    Cejas
    Nariz
    Labios
    Hombros y espalda
    Brazos y manos
    Piernas y pies
    Malinterpretar el lenguaje corporal

13. Cómo Utilizan los Manipuladores el Lenguaje
    Corporal   137
    Motivaciones de los manipuladores
    Enfoques para dejar de ser manipulado
14. El Lenguaje Corporal y el Engaño   145
    Errores del lenguaje corporal a evitar

Palabras Finales - Lenguaje Corporal   150

Introducción - Cómo Analizar a Las Personas

Probablemente hayas notado que la mayoría de las personas no suelen decir lo que tienen en mente. La mayoría de la gente dice "bien" cuando quieren decir lo contrario. Hay momentos en los que intentas adivinar si debes creerle a alguien que te dice que lo pensará. Esto sucede cuando eres tú quien descubre lo que está pasando en la mente de una persona, y puedes determinar qué tan exitoso serás. La psicología atrae la atención de millones de personas en todo el mundo y se ha convertido en la quintaesencia en materia de salud y justicia. Lamentablemente, la psicología también tiene una connotación negativa que hace que las personas duden antes de confiar en su mente y en la experiencia de los demás. En la mayoría de los casos, esta vacilación proviene de la falta de familiaridad o comprensión de qué es la psicología y cómo se puede utilizar para mejorar la vida cotidiana de las personas.

Es la norma evaluar a una persona durante los primeros segundos de un encuentro inicial. Esto es algo que hacemos in-

CÓMO ANALIZAR A LAS PERSONAS Y LENGUAJE CORPORAL

conscientemente, ya que no podemos resistir la tentación de crear un perfil de la persona y esperar para confirmar o refutar la evidencia que ponemos en el perfil, dados nuestros mejores intentos de retener el juicio antes de tener toda la información. Tratar de argumentar que no lo estamos haciendo es inútil. Algunas personas se enorgullecen de hacerlo y luego se quejan de sus hallazgos sin tener hechos claros que respalden sus argumentos. Algunas personas tienen cierta habilidad para leer a los demás desde el principio y ser correctos en su evaluación. Muchos pueden caer en el error de hacer un perfil y negarse a modificarlo si la evidencia refuta su conclusión original. La mayoría de nosotros podemos relacionarnos con los detalles de la personalidad después de presenciar el comportamiento y los hábitos de comportamiento de una persona.

La verdad es que lo has estado haciendo durante algún tiempo, cuando tienes la sensación de que te atrae alguien o cuando tienes la sensación de que la persona con la que estás hablando te está engañando o mintiendo. Al hacer esto, has estado leyendo o analizando inconscientemente a las personas y su lenguaje corporal. En este libro, podrás aprender sobre los tipos de personalidad y sus rasgos. Llegarás a comprender de qué estás hecho y en qué categoría de tipo de personalidad te encuentras.

Si realmente crees que eres perceptivo o intuitivo, cuando se trata de juzgar a los demás, significa que puedes analizar bien las señales no verbales. La mayoría de las personas no exhiben sus sentimientos. Como resultado, cuando observes su comportamiento y acciones correctamente, te permitirá tener una idea de esas emociones sin realmente tener una conversación con ellos. Puedes leer comportamientos universales, independientemente de la raza, el idioma o la cultura de la persona que deseas observar. Para que puedas comprender bien esos comportamientos, debes comprender lo que la persona está tratando de representar. En este libro, obtendrás una comprensión más profunda de eso.

Quiénes somos como personas afecta cómo vemos el mundo y cómo nos ven otras personas. La forma en que otras personas se retratan a sí mismas también es vital. No es solo lo que das lo que afecta los resultados, sino también cómo se recibe. Algunas personas simplemente tienen la química correcta. Cuando se encuentran, hacen clic de inmediato. Puede ser que sus personalidades sean similares, o puede ser que uno se complemente con el otro.

Personalidad proviene de la palabra latina persona. Esto, sin embargo, está más estrechamente asociado con ponerse un frente o usar una máscara. Nuestras personalidades, por otro lado, son más que simplemente aplacar a otras personas. En cambio, son el conglomerado de nuestros comportamientos más consistentes. Proporcionan una idea de lo únicos que somos y de quiénes somos realmente.

Este libro tiene como objetivo brindarte suficiente conocimiento científico sobre cómo analizar, comprender y evaluar a las personas en una variedad de situaciones. Aprenderás cómo tus características influyen en la forma en que interactúas con los demás. Del mismo modo, descubrirás cómo la actitud de los demás influye en la forma en que interactúas con ellos. Todo esto te ayudará a comprender lo que sucede en la mente de una persona, y este libro te ayudará a hacer precisamente eso. Este libro no te dará ningún poder para ser un lector de mentes. Lo que hará es darte herramientas y consejos para que puedas leer los comportamientos de los demás y averiguar lo que piensa la mayoría de la gente.

1
Entiéndete a ti mismo primero

Conocer a un individuo versus comprender su personalidad son dos cosas diferentes. Al observar a la distancia, puedes descifrar la personalidad de un individuo sin tener que conversar realmente con él. Esta puede ser una situación delicada, pero es fundamental que no te conviertas en un acosador. Puedes aprender sobre las características de las personas al observarlas de manera natural. Por una variedad de razones, este es un paso vital a tomar. Puedes averiguar cuáles son sus reacciones típicas. Puedes predecir efectivamente cómo actuarán en una situación. Podrás señalar exactamente dónde se desempeñarían mejor (un empleado en una tienda, un puesto gerencial, etc.)

Un buen número de personas comienzan como enemigos y terminan siendo grandes amigos. Si ninguno de los dos le hubiera dado una oportunidad al otro, nada de eso hubiera ocurrido. No te quedes encerrado en la primera impresión cuando interactúes con gente nueva. Necesitas aprender sobre ellos. Descifrarlos. Solo así podrás opinar. Una vez que aprendas a leer a la gente y lo practiques, serás bueno en eso. Luego, puedes llevarlo al siguiente paso y comenzar a influir en las personas que te rodean. Nunca debes formarte una opinión universal sobre alguien. Puedes saber cómo son y puedes defender tu opinión con las conclusiones sacadas.

Ser capaz de conocerse a ti mismo es un paso esencial en todo el proceso de aprender sobre los demás. Conocer tu propio tipo de personalidad, descifrar tus tendencias cuando te enfrentas a interacciones sociales y aprender a modificar tu propio comportamiento para alentar a los extraños a acercarse, hablar y actuar sin vigilancia son facetas importantes para convertirse en un experto en descifrar a quienes te rodean.

¿Cuál es tu tipo de personalidad social?

En primer lugar, es importante saber cuál es tu tipo de personalidad social. Si bien hay una variedad de pruebas que puedes realizar en línea para darle una etiqueta que vaya con tus tendencias habituales de socialización, no hay mejor manera de comprender realmente cómo eres como criatura social que mediante la metacognición. Se necesita mucha atención para poder pensar en la forma en que piensas, especialmente durante la interacción social. Pero al hacerlo, puedes desbloquear algunas realidades que podrían no parecer evidentes al principio. Para comenzar el proceso, trata de hacerte estas preguntas:

1. ¿Cuándo fue la última vez que discutí con alguien? ¿Cuál fue la secuencia de eventos que condujo a la discusión? ¿Mostré algún comportamiento que podría haber agravado la situación? ¿Cómo podría haber mejorado los resultados de nuestra interacción?

6 CÓMO ANALIZAR A LAS PERSONAS Y LENGUAJE CORPORAL

2. ¿A quién considero mi más cercano o mejor amigo? ¿Cómo conocí a esta persona? ¿Qué podría apreciar esta persona sobre la forma en que interactúo con él o ella?

3. Cuando me enfrento a un extraño, ¿cuál es mi reacción inicial? ¿Cómo elijo presentarme? ¿Soy hablador y prepotente, tomando el control de la conversación desde el principio? ¿O prefiero dejar que el extraño guíe?

4. ¿Hay momentos en los que me siento obligado a participar en una interacción o evitarla por completo? ¿Cuándo sucede esto y por qué a veces me siento así?

Ahora que conoces las respuestas a estas preguntas, es posible que ya tengas algún tipo de comprensión de tu tendencia de socialización. Algunos pueden haber encontrado que son particularmente amigables incluso con extraños, otros pueden ser más distantes o intimidantes. Sea como sea, es muy probable que tu personalidad social no sea la idónea para decodificar a los desconocidos. El propósito de este ejercicio no era exactamente ayudarte a poner un nombre a tu tendencia de socialización, sino enseñarte a hacerte las preguntas correctas para auditar tu propia personalidad. Saber cómo pensar y procesar la forma en que interactúas con los demás puede arrojar luz sobre los errores en tu enfoque y brindarte comentarios que puedes usar para ser más eficiente en encuentros futuros.

La próxima vez que te encuentres en una interacción social que salió mal, tómate un momento para rastrear tus pasos. ¿Qué sucedió? ¿Dónde se agrió la conversación? ¿Y qué puedes hacer ahora para tratar de neutralizar la situación y evitar la confrontación? Hacerte estas preguntas incluso en medio de una discusión debería ayudarte a reflexionar sobre tu comportamiento en ese momento dado. También ayuda a reflexionar sobre los enfrentamientos anteriores que podrías haber tenido. Tomarse el tiempo para comprender cómo las cosas podrían haber salido mal en el pasado te ayudará a evitar los mismos errores en el futuro. De esta manera, puedes tener un enfoque más pulido y una idea más amplia sobre el comportamiento adecuado durante tus próximas interacciones sociales. Finalmente, es posible que también desees considerar si ha habido instancias en las que has experimentado los mismos problemas. Los patrones en tu comportamiento pueden hacer que surjan los mismos problemas, incluso si estás tratando con diferentes personas.

Echar un vistazo a los encuentros anteriores y tratar de encontrar tendencias puede mostrarte dónde es más probable que falles durante una interacción social. Algunas personas pueden encontrar que el problema radica en la falta de tacto, y otras encuentran que el problema se deriva de su fijación en ciertos temas que la mayoría de las personas pueden encontrar delicados o insultantes. La mayoría de las veces, estas tendencias se pueden descubrir solo con la metacognición. Sin embargo, hay algunas personas que podrían necesitar experimentar una confrontación una vez más para poder identificar con precisión dónde existe el problema. En este caso, trata de ser consciente de lo que desencadenó la respuesta durante tu interacción y toma nota mental de los eventos a medida que ocurrieron. Esto debería facilitar el alivio de la tendencia y adoptar una forma más saludable de interacción.

La forma correcta de comportarse

Imagínate entrar a la clínica de un terapeuta por primera vez. Te han invitado para que puedas hablar sobre traumas infantiles, miedos personales, problemas y otros temas que podrían estar consumiendo una parte de tu mente. No hace falta decir que se trata de preocupaciones muy personales y privadas que tal vez no quieras compartir, incluso con las personas más cercanas en tu vida. Entonces, ¿cómo crees que debería actuar el terapeuta si quiere obtener la información

CÓMO ANALIZAR A LAS PERSONAS Y LENGUAJE CORPORAL

más honesta posible? Si tuviera los brazos cruzados sobre el pecho, si se riera entre dientes cuando compartiste información particularmente delicada, si se estremeció con algunas de tus historias, ¿te sentirías cómodo?

¿Y si fuera demasiado complaciente? ¿Si hiciera muchas preguntas? ¿Demasiado reactivo y empático con todo lo que dijiste? ¿Te sentirías cómodo continuando la sesión? Si hay alguien de quien podemos tomar pistas, son los terapeutas y consejeros. Aunque sus métodos no son del todo holmesianos, se acercan bastante. Su neutralidad, su capacidad para hacer las preguntas correctas en el momento adecuado y sus reacciones controladas alientan a las personas a compartir más verdades sin pretensiones. Así pues, podemos quitar estos aspectos básicos de la forma adecuada de afrontar la interacción social:

> 1. **No confrontar** - ¿Alguna vez has notado cómo un terapeuta puede continuar sentado cómodamente incluso cuando su cliente se pone de pie, comienza a caminar y actúa agitado? Es una parte básica de su profesión mantener la calma incluso frente a un cliente inquieto.

Adoptar un comportamiento de confrontación o agresivo puede desencadenar una de dos respuestas en su contraparte, y se parecen mucho a pelear o huir. Aquellos que tienen más confianza o que sienten que podrían tener la oportunidad de tomar la delantera igualarían su agresividad. Aquellos que se sientan intimidados por su comportamiento de confrontación probablemente huirían de la situación. Siempre asegúrate de no mostrar ningún signo de agresión, irritación o enojo. Esto ayuda a mitigar los argumentos, incluso cuando la conversación se vuelve acalorada.

2. **Ser genuino-** ¿Cómo puedes ser pretencioso cuando se trata de interacción social? Fácil: actúa como si estu-

vieras demasiado interesado o involucrado en lo que se está comunicando. Si bien es absolutamente posible sentir ciertas emociones, especialmente cuando tu contraparte comienza a compartir información delicada, actuar de manera desproporcionada puede indicar que simplemente estás siendo teatral.

Para la persona con la que estás interactuando, la muestra desproporcionada de emoción o reacción puede ser una estrategia mal pensada para que compartan más. La aparente falta de preocupación o cuidado real puede ser un desvío, lo que puede hacer que se contengan sobre cuánto están dispuestos a decirte. ¿Cómo actúas de manera genuina frente a una persona nueva? La respuesta no es tan complicada como parece. Simplemente sé genuino. Reaccionar en función de la cantidad de emoción que realmente sientes evitará que parezcas indiferente o pretencioso.

3. Hacer preguntas solo cuando sea necesario - Si hay algo en ti que te hace particularmente eficiente al recopilar información es que no interrumpes a nadie cuando comparte detalles contigo. Debes permanecer en silencio, escuchar atentamente y guardar tus pensamientos e ideas hasta que la persona termine de compartir. En muchos casos, ni siquiera harías ninguna pregunta.

Toda la información que puedas necesitar para diseccionar adecuadamente una situación o persona se puede recopilar en función de lo que se te proporcione. Hacer preguntas es una parte opcional del proceso principalmente por una cosa: el desapego. Cuando trates con una persona nueva que quieras decodificar o descifrar, trata de no hacer demasiadas preguntas. Toma lo que dicen y presta atención a cómo se ven; la mayoría de las veces, obtendrás todo lo que necesitas de solo estas dos facetas. Hacer preguntas tiende a conducirte por trenes de pensamiento que se enfocan en tus propias tendencias egocéntricas, por lo que a menudo no es recomendable. Si encuentras la necesidad de hacer una pregunta, es probable que hayas permitido que tus pensamientos o prejuicios interfieran.

4. **Neutralizar el lenguaje corporal** - Más adelante en esta guía, aprenderás cuánto puedes decir sobre una persona en función del lenguaje corporal y otras señales no verbales. Estos son marcadores potentes que revelan pensamientos y sentimientos internos, lo que permite a otros echar un vistazo a la psique de una persona simplemente observando cómo se comporta físicamente.

De la misma manera que puedes usar estas herramientas para comprender a las personas que te rodean, otros también pueden examinar tu lenguaje corporal para aprender más sobre ti. Practicar cómo neutralizar tu lenguaje corporal independientemente de lo que pueda estar pasando en tu mente puede dificultar que otros entiendan tus verdaderas intenciones, dándote la ventaja en cualquier interacción social. Generalmente, el lenguaje corporal neutral comienza con una postura neutral y relajada. Un aura abierta lograda a través de los brazos relajados sostenidos a los lados o con las manos entrelazadas suavemente puede animar a otra persona a sentirse más cómoda. Recostarse hacia atrás en una silla también puede comunicar un comportamiento de no confrontación, creando una atmósfera amistosa.

Las expresiones faciales también deben ser consideradas cuidadosamente. Mostrar signos de tus emociones puede hacer que una persona ajuste su comportamiento para mitigar cualquier negatividad que pueda hacer que experimentes. Mantener la cara neutral y reaccionar mínimamente, sólo cuando sea necesario, puede ayudar a mantener una interacción natural.

Perfeccionar tu yo interior - Experimento

Como ahora has aprendido los fundamentos del comportamiento, es hora de pulirlos con una breve prueba. Este ejercicio está diseñado para ayudarte a comprender tu comportamiento social actual para que puedas tener una mejor idea de lo que necesitas cambiar.

1. Encuentra un espacio tranquilo al aire libre donde puedas encontrar algunos extraños o transeúntes. Intenta encontrar un lugar donde puedas sentarte cómodamente y observar a la gente.
2. Elige a alguien de la multitud al azar. Observa su apariencia y comportamiento. Una vez que tengas una idea bien establecida de quiénes podrían ser, intenta responder las siguientes preguntas:
3. ¿Cómo te acercarías a esta persona?
4. ¿De qué manera crees que actuaría la otra persona dado tu enfoque?
5. ¿Crees que te llevarías bien con esta persona?
6. ¿De qué hablarías para que se interesen en interactuar contigo?
7. Ahora, trata de hacer algunos ejercicios de respiración profunda. Cierra los ojos, relájate y despeja tu mente de cualquier pensamiento que pueda interferir con tus interacciones. Tómate unos momentos para respirar deliberadamente, sintiendo que el aire llena tus pulmones antes de dejar salir todo lo que puedas.
8. Abre los ojos y trata de encontrar a la misma persona que observaste antes. Esta vez, con la mente despejada, intenta responder de nuevo a las preguntas anteriores.

9. Una vez que hayas terminado de responder las preguntas anteriores, intenta auditar tu respuesta con estas preguntas guía:

10. ¿Cómo te ayudaron los ejercicios de respiración a ser más consciente de tu comportamiento?

11. ¿Hubo cambios en la forma en que respondiste las preguntas por primera vez en comparación con el segundo intento?

12. ¿Qué tendencias notaste en tu comportamiento social la primera vez que respondiste las preguntas? Por ejemplo, ¿te centraste en un conjunto específico de funciones? ¿Hubo algún sesgo que podría haber aplicado a sus observaciones?

13. Teniendo en cuenta lo que has aprendido, ¿cómo crees que puedes mejorar tu enfoque para no influir en las interacciones sociales?

La importancia del autoconocimiento

No se puede exagerar la importancia del autoconocimiento en el proceso de conocer a otras personas. Podrías aprender mucho sobre otras personas a través de una conciencia profunda y concisa de ti mismo. El autoconocimiento te ayuda a saber y apreciar cuán único y diferente eres de otras personas y esto, a su vez, te ayuda a comprender y apreciar cómo cada persona con la que te encuentras es única y diferente de la siguiente.

Antes de que puedas entender a otras personas, primero debes entenderte a ti mismo. Una mejor comprensión de ti mismo te permite comprender cómo funcionan los procesos internos para ti y para los demás. Por ejemplo, saber cómo algunas inseguridades que tienes sobre ti mismo cambian y afectan la forma en que te comportas te ayudará a comprender cómo este fenómeno también es cierto para los demás. Por ejemplo, asumir que tu mayor inseguridad radica en el hecho de que te consideras una persona tímida, comprender que tu timidez se muestra a través de un lenguaje corporal modesto y la falta de contacto visual puede ayudarte a reconocer el mismo fenómeno en otra persona.

Todo lenguaje corporal es una expresión de una autoconfianza subyacente. Por lo tanto, cualquier lenguaje corporal que muestres u observes en otra persona es una expresión de lo que tú o esa persona creen sobre ustedes mismos. Ser capaz de entenderte completamente a ti mismo te permitirá ver el efecto directo e indirecto que tienes en quienes te rodean. Comprender el tipo de efecto que tienes en las personas que te rodean dependerá de qué tan bien te comprendas a ti mismo. Por ejemplo, del ejemplo anterior de timidez, tu incapacidad para mantener el contacto visual con otras personas podría hacer que también desvíen la mirada cada vez que te hablan (efecto directo), o puede hacer que asuman que tú estás mintiendo desde el primer momento (efecto indirecto), ya que la falta de contacto visual a veces es una señal de que una persona está mintiendo.

Por lo tanto, al comprender cómo se puede traducir tu falta de contacto visual, puedes hacer un esfuerzo para mantener el contacto visual de forma intermitente o simplemente mirar fijamente el puente de la nariz (mirar el puente de la nariz de una persona dará la impresión de que estás mirando directamente a ellos). Si no tratas de comprender tus acciones y cómo afectan a quienes te rodean, cualquier cosa que observes en otras personas pasará a través de la lente de tus inseguridades sin un pensamiento consciente de tu parte y cualquier imagen que se forme de esas personas será falsa. En última instancia, esto hará que la comprensión de las personas sea más difícil.

En pocas palabras, si actúas de manera disciplinada y posiblemente severa, las personas que te rodean ajustarán naturalmente su estilo de comunicación para que coincida con tu forma de actuar. Por el contrario, si actúas de manera jovial y amistosa, las personas a tu alrededor tenderán a actuar de la misma manera contigo.

Como dijo una vez Sócrates: "Conocerse a uno mismo es el comienzo de la sabiduría". La sabiduría que proviene de conocerte a ti mismo es lo que utilizas cuando tratas de conocer a otras personas. Para resumirlo en pocas palabras, el autoanálisis es la clave para analizar con éxito a los demás.

Analizándote a ti mismo

Antes de que puedas analizar con éxito a otras personas, primero debes aprender a analizarte a ti mismo. Analizarte a ti mismo te ayudará a desarrollar las habilidades analíticas necesarias que luego podrás utilizar para analizar a otras personas. No hace falta decir que, al empezar, analizarte a ti mismo será mucho más fácil que analizar a otras personas. Esto se debe a que no necesitarás adivinar tus pensamientos y sentimientos. A diferencia de cuando analizas a otras personas, tus pensamientos y sentimientos estarán fácilmente disponibles para que los analices. Sin embargo, cuando te analizas a ti mismo, tu mayor obstáculo radica en comprender y descubrir por qué te sientes como te sientes o por qué piensas como piensas. Otro obstáculo que puedes encontrar al analizarte a ti mismo es la honestidad. La honestidad requerida para analizarse a uno mismo con precisión es, a menudo, dolorosa. Sin embargo, una vez que puedas superar los obstáculos antes mencionados, podrás identificar tus fortalezas, tus debilidades y la raíz de tus emociones.

2
Por Qué Analizar a las Personas

Analizar a los demás es algo que utilizan varias personas en diferentes circunstancias. La razón más básica por la que puedes decidir que deseas explorar a alguien es para comprenderlo. Cuando tengas una técnica incorporada para comprender a los demás, descubrirás que tener una conexión cognitiva en lugar de emocional es fundamental para establecer una conexión genuina con la mente de otra persona. Considera por un momento que estás tratando de cerrar un trato con un cliente importante. Tú sabes que el acuerdo es fundamental si esperas conservar tu trabajo y posiblemente obtener un ascenso, pero también sabes que será una tarea difícil de conseguir.

Si puedes leer a otra persona, puede permitirte efectivamente saber lo que está pasando en su mente. Piénsalo; podrás saber si el cliente se siente incómodo y responder en consecuencia. Te dirá si el cliente está engañando u ocultando algo y responder en consecuencia. Puedes saber si el cliente no está interesado, si se siente amenazado o simplemente molesto con tus intentos de influir en él, y luego puedes averiguar cómo responder. Cuando puedes entender la mentalidad de otra persona, puedes autorregularte. Puedes ajustar tu comportamiento para garantizar que serás persuasivo. Puedes asegurarte de que tu cliente se sienta cómodo ajustando tu comportamiento para descubrir qué estaba causando la incomodidad en primer lugar.

Más allá de ser capaz de autorregularse, leer a otras personas también es fundamental en varias situaciones diferentes. Si puedes leer a alguien más, puedes protegerte de cualquier amenaza que pueda surgir. Si puedes leer a otra persona, puedes comprender mejor su posición. Puedes averiguar cómo persuadir o manipular a la otra persona. Puedes hacer que la gente haga cosas que de otro modo evitarían. En última instancia, ser capaz de analizar a otras personas tiene tantos beneficios críticos que vale la pena hacerlo.

Desarrollar este conjunto de habilidades significa que estarás más en contacto con los sentimientos de quienes te rodean, lo que te permitirá afirmar que tienes una mayor inteligencia emocional simplemente porque llegas a comprender cómo son las emociones. Podrás identificar tus sentimientos a través de la autorreflexión y aprenderás a prestar atención a los movimientos de tu cuerpo. La capacidad de analizar a las personas puede ser invaluable en casi cualquier entorno. No existe una fórmula para analizar a las personas a tu alrededor o contigo. Algunas personas entienden en función de sus gestos, lenguaje corporal, comunicación verbal, comunicación no verbal o la forma en que caminan y se visten.

La importancia de comprender a la gente

¿Por qué es importante entender una personalidad? Si eres ambicioso, es fundamental leer a la otra persona, pero si no quieres ningún crecimiento profesional y estás contento con un trabajo de 9 am a 5 pm, esto no es para ti. Del mismo modo, si valoras tus relaciones, es esencial analizar a la gente. Analizar a las personas es de inmensa importancia para la vida en general. Cuanto más te comprendas a ti mismo y a los demás, mejor serás para lidiar con las circunstancias y las personas y para hacer que las cosas vayan por el buen camino. Comprender las personalidades es un tema inesperadamente amplio. Es un mundo extenso que comprende la psicología y la aplicación del análisis a tus circunstancias cotidianas.

Es vital para relacionarse con la familia, los amigos y los colegas. Debes aprender a entender a las personas para atraerlos, para ayudar, para comprender mejor, para tomar decisiones rápidas y correctas, para resolver los conflictos, y lo más importante, para retratar la personalidad correcta de ti mismo.

Ventajas de analizar a las personas

Las personas son libros abiertos que necesitan poca atención para comprender sus rasgos. Observar de cerca lo que hacen, lo que dicen y cómo escuchan a los demás revela una imagen bastante buena de su actitud y personalidad. Ha demostrado ser convincente y preciso en la mayoría de los casos. Lo mejor es que puedas hacerlo como amigo, familiar, colega o jefe en la oficina. El análisis de las personas, su comportamiento, lenguaje corporal y gestos son fenómenos fascinantes debido a las diversas experiencias de aprendizaje basadas en los rasgos o comportamientos adoptados por una persona. Por lo tanto, es significativo y esencial para tener éxito en diferentes ámbitos de la vida, como el ámbito empresarial, la vida cotidiana, el compañerismo, las relaciones, etc. Echemos un vistazo a la ventaja que ofrece el análisis de las personas.

18 CÓMO ANALIZAR A LAS PERSONAS Y LENGUAJE CORPORAL

Algunas de las habilidades que ofrece el análisis de las personas son: ayudar a las personas a desarrollar comprensión y simpatía hacia los demás, evitar que las personas juzguen y les impide señalar con el dedo, crear una sociedad saludable, permitiendo que las personas se evalúen a sí mismas antes de juzgar a los demás. Para que cada individuo tenga éxito en la vida, se requieren habilidades interpersonales y de comunicación esenciales para poder ocupar una posición pionera en el sector empresarial y en una sociedad que cambia constantemente. Cuando los estudiantes y las personas emigran para obtener educación y empleos, este tipo de estudio es muy útil para comprender a las personas en el extranjero y minimizar la posibilidad de engaño. Estudiar a las personas es un tipo de herramienta para hacer frente a los compañeros de oficina y trabajar de manera eficiente. Ayuda a comprender las imperfecciones en la vida, cosa que puede facilitar la comprensión del comportamiento de las demás personas.

Existimos en un orden social donde se encuentran individuos de diferentes personalidades, creencias, actitudes, percepciones y comportamientos. Su análisis ayuda a tomar conciencia de las técnicas para tratar con ellos. Puede ser beneficioso para las personas a nivel de gestión elegir a los empleados adecuados al comprender el comportamiento de sus empleados. A través del análisis, puedes proyectar, dirigir, alterar y controlar el comportamiento de un individuo; puedes tener una idea de su reacción en una situación particular de antemano y estar preparado para ello. El análisis de las personas es útil para la conducción exitosa de la sociedad y el logro de los objetivos.

No deseches lo bueno junto con lo malo. Asegúrate de estar tranquilo, ser objetivo y echar un vistazo a todos los posibles resultados en los que piensas antes de hacer un movimiento.

Cómo analizar a las personas

Cuando pensamos en el comportamiento humano y en algunas de las cosas que debemos hacer para leerlos, es vital observar el elemento animal que se encuentra dentro. Si bien esto es algo que muchas personas olvidarán, los humanos provienen de los mismos materiales como árboles, animales, peces y todo lo demás en el mundo. Todos venimos de la misma fuente al mismo tiempo. Gran parte de nuestro comportamiento se atribuye a nuestra evolución. A medida que cambiamos a lo largo de los años, comenzamos a desarrollar lo que se conoce como normas culturales. Con el tiempo, tuvimos que crear sistemas de comportamiento y patrones específicos para ayudarnos a sobrevivir.

Esto significa que al principio teníamos que ser capaces de cazar y recolectar. Luego, tuvimos que formar sistemas para la agricultura, junto con otros sistemas alimentarios. Esto continuó creciendo en el sistema que tenemos hoy. Al igual que con cualquier otro animal, vamos a tener diferentes comportamientos, que se utilizan para protegernos, comer, dormir, interactuar con otros y mucho más. Esto es algo que debemos tener en cuenta cuando aprendemos más sobre el comportamiento de los humanos. No es suficiente considerar el estado de conciencia de la persona cuando se quiere entender por qué hace las cosas. También tenemos que recordar ese sentido animal, la parte que nos ayuda a sobrevivir también. No debemos olvidar que esta parte animal nos impulsará hacia acciones concretas, especialmente la autoprotección, el placer, la comida, el cobijo e incluso el sexo.

Aunque pueda parecer intimidante, aprender a analizar a otras personas no es tan difícil como parece inicialmente. No hay reglas difíciles que debas memorizar ni ninguna habilidad que debas aprender. Todo lo que tienes que hacer es aprender el patrón de comportamientos y lo que significan. Una vez que conoces los comportamientos, generalmente puedes comenzar a reconstruir la intención detrás de los comportamientos. Puedes comenzar a descubrir exactamente qué significa que alguien entrecierre los ojos y luego comenzar a identificarlo con el contexto de varias otras acciones o comportamientos.

Puedes averiguar lo que se pretende cuando el habla y el lenguaje corporal de alguien no coinciden. El lenguaje corporal rara vez miente cuando las personas no saben cómo funciona, por lo que a menudo puedes recurrir a él para obtener información crucial si estás interactuando con otras personas. Esto funciona para comprender a las personas porque se acepta comúnmente que existe un ciclo entre pensamientos, sentimientos y comportamientos. Tus pensamientos crean sentimientos, y los sentimientos que tienes influyen automáticamente en tu comportamiento, como puedes ver a través del lenguaje corporal. La mayoría de las veces, este es un ciclo completamente inconsciente. No eres consciente de que sucede. Sin embargo, varias escuelas de terapia han optado por identificar y utilizar este ciclo, como la psicología cognitivo-conductual.

Cuando reconoces que este ciclo existe, puedes aprovecharlo y puedes comenzar a utilizar tu comprensión del ciclo para seguirlo a la inversa. Efectivamente, observarás los comportamientos que muestran las personas y rastrearás hasta los sentimientos que hay detrás de ellos. Por eso es tan importante entender el lenguaje corporal. Cuando puedes entender lo que está pasando con el comportamiento de alguien, puedes entender sus sentimientos. Cuando conoces sus sentimientos, puedes comenzar a descubrir los pensamientos subyacentes que tienen. Esto es lo más parecido a leer la mente que jamás podrás lograr.

Para analizar a otras personas, tienes que pasar por un proceso simple. Primero debes encontrar la línea de base neutral del comportamiento. Este es el comportamiento predeterminado de la persona. Sería útil si luego comenzaras a buscar desviaciones en ese comportamiento neutral. A partir de ahí, tratas de juntar grupos de comportamientos para descubrir qué está pasando en la mente de otra persona, luego analizas. Este proceso no es complicado, y si puedes aprender cómo hacerlo mientras aprendes a interpretar los diversos tipos de lenguaje corporal, descubrirás que comprender a otras personas nunca fue más accesible.

El estudio y la lectura de la mente de un individuo es un tema candente en todo el mundo. Curiosamente, solo un pequeño porcentaje de los millones y millones de personas en el mundo han adquirido el arte de estudiar y comprender los pensamientos y las mentes de las personas. Como resultado, examinar o comprender la mente de las personas es la ciencia de predecir correctamente los pensamientos de una persona y sus acciones posteriores determinadas por sus rasgos de comportamiento, lenguaje corporal, movimientos oculares, estructura facial, desarrollo de la piel de gallina, temblores en la voz e intensidad de la respiración. . Por mucho que estos atributos puedan ayudar a decir lo que una persona está pensando, difieren de una persona a otra. Como resultado, esto crea una dificultad significativa al analizar a varias personas, ya que movimientos o comportamientos corporales similares podrían tener significados telepáticos distintivos. La ciencia y el arte de analizar y leer la mente de uno se conoce comúnmente como telepatía.

Además, pocas personas son conscientes del uso de indicadores no verbales, la psicología oscura y la capacidad cognitiva para pronosticar con precisión lo que está pensando el otro individuo. Psiquiatras, consejeros, médicos y terapeutas de salud mental examinan a sus pacientes de manera competente, proyectando lo que pensarían antes de actuar. No obstante, cualquier persona puede mejorar su capacidad para leer la mente de un individuo al conocer sus respuestas y reacciones de comportamiento cuando se enfrenta a varios escenarios al dedicar el tiempo y el esfuerzo necesarios. Analizar los pensamientos más profundos de un individuo va mucho más allá de lo que dice en voz alta.

Implica anticipar lo que la otra persona pretende hacer, identificando con precisión lo que quiere decir, incluso cuando desea ocultarlo. Además, comprender lo que un individuo quiere decir o lo que piensa puede ayudarnos a ajustarnos y adaptarnos para comportarnos de una manera que no le moleste dado su pensamiento. Por lo tanto, es imperativo darse cuenta de que leer los pensamientos de las personas puede cambiar enormemente la vida social y personal de uno porque puede alinear sus ideas con las personas que están analizando.

No obstante, es fundamental no juzgar a los demás en función de cómo se ha leído su mente para evitar la posibilidad de malinterpretar su lenguaje corporal, el movimiento de los ojos, la respiración intensa, que podrían haber sido desencadenados por diferentes factores externos, como ser alérgico a factores ambientales, especialmente el frío, el calor o el polvo. Como resultado, es sencillo evaluar con precisión a alguien con quien una persona pasa la mayor parte de su tiempo, lo que reduce el riesgo de malinterpretar lo que sea que tenga en mente. Como resultado, se deben considerar varios elementos para dotarlos de la capacidad de analizar a otra persona sin fallar.

Familiarizarse con varias culturas distintivas de otras personas, comprender sus comportamientos emocionales y agudizar nuestras habilidades de observación le da a una persona la capacidad de analizar a un individuo de manera efectiva. En realidad, la capacidad de todos para leer la mente de otra persona es igualmente improbable.

Aquellos que han aprendido la fascinante ciencia de leer la mente de otra persona no necesariamente pueden leer los pensamientos de todas las personas con las que se encuentran o interactúan. Esto se debe principalmente a la variación en los rasgos de comportamiento, culturas, tradiciones y sociedades en las que se han criado. Por lo tanto, estos factores dictan cómo se comportan y actúan varias personas, lo que hace increíblemente imposible analizar correctamente a personas de múltiples orígenes.

Esto es instigado por diversos significados involucrados en modales y gestos corporales similares exhibidos por individuos de varios entornos comunitarios, pero estos actos podrían significar otras cosas. Analizar e interpretar pensamientos o mentes se ha vuelto cada vez más difícil por estos motivos. Además, es de suma importancia identificar las diferentes culturas y significados atribuidos a acciones, comportamientos y movimientos corporales específicos para evitar juzgar mal a las personas al interpretar sus mentes.

Como consecuencia, todos deben prestar mucha atención a las instrucciones y técnicas descritas en este libro para poder entender y comprender correctamente el pensamiento de las personas sin malinterpretar sus mentes por cosas que ni siquiera conocen.

3

Comprensión de la personalidad para analizar mejor a los demás

Entonces, explotaste un día en el trabajo. Todos estaban conmocionados. Tu voz era fuerte y hubo un aparente intento de balbucear una o dos malas palabras. De alguna manera, te las arreglaste para contenerte. ¿Significa esto que tienes una personalidad explosiva? No. No es así. El hecho de que la gente se sorprendiera de que hicieras eso lo dice todo. La personalidad se basa en un patrón. Es consistente. Si tienes la costumbre de gritar todas las tardes cuando te estresas en el trabajo, eso debe ser parte de tu personalidad. También hay una gran posibilidad de que te despidan.

¿Qué es la personalidad?

La personalidad se refiere a un patrón de pensamiento, emociones y acciones. También se convierte en una marca comercial tuya. Las personas que mejor te conocen ya pueden esperar lo que harás a continuación. Si eres una persona impredecible, los demás esperarán que los sorprendas regularmente. Entonces, ¿solo ves la personalidad a través de la forma en que te comportas? Es solo una parte de eso. Tus pensamientos, sentimientos y tendencias caen bajo tu carácter. Una persona astuta, por ejemplo, puede seguir cambiando su comportamiento exterior. Sin embargo, su patrón de pensamiento seguirá siendo el mismo. Las personas que lo han estado observando atentamente también pueden detectar los intentos de engaño.

¿Cuáles son las características de la personalidad?

Algunas de estas características se han mencionado cuando intentábamos definir la personalidad un poco antes. Una de las cosas que debería recordarte acerca de la personalidad es que es consistente. Probablemente hayas oído hablar del término desarrollo del carácter. Los espectadores de películas y los lectores de libros aprecian ver esto en los personajes.

¿Significa que los personajes se han vuelto inconsistentes con sus personalidades?

No, no lo han hecho. De hecho, cuando estos personajes se vuelven inconsistentes, los lectores y espectadores se sienten ofendidos. Creen que el creador no comprende realmente a sus personajes porque incluso cuando pasan por algún tipo de desarrollo, generalmente hay una razón poderosa que puede respaldarse en sus personalidades.

Dos, la personalidad está respaldada no sólo por los rasgos psicológicos de una persona, sino también por sus características biológicas o físicas. Los comportamientos, por ejemplo, pueden verse afectados por procesos bióticos. Esta es la razón por la cual a los pacientes con trastornos psicológicos se les recetan medicamentos que se enfocan en la función de los neurotransmisores. Cambiar la forma en que algo funciona dentro del cuerpo cambia el comportamiento.

Tres, la personalidad no es solo una pequeña influencia en la forma en que actúas, sino que puede hacer que te comportes de cierta manera. No es como si alguien te estuviera susurrando al oído para obligarte a hacer algo. En cambio, eres tú actuando de cierta manera porque es la forma en que te mueves.

Cuatro, puedes expresar tu personalidad de muchas maneras. Algunos leerán tu carácter a través de la forma en que hablas. Pueden verlo en tus acciones, escucharlo en tu selección de palabras y más.

Pero, ¿cómo se desarrolla la personalidad?

No importa cuántos tipos de personalidades intenten categorizarte, tu carácter sigue siendo único. Después de todo, todos hemos nacido de diferentes grupos de padres. Incluso aquellos que comparten padres difieren en edad, entorno, grupo de amigos, salud física, etc. Incluso puedes detectar variaciones entre gemelos idénticos.

Varios psicoanalistas habían aportado sus teorías sobre cómo se desarrolla la personalidad. Sigmund Freud se centró en las etapas psicosexuales del desarrollo. Cada etapa se enfoca en una zona erógena, que tiene algún papel que desempeñar en el desarrollo del niño. Una falla en cualquiera de estas etapas puede resultar en una fijación. Por su parte, Erik Erikson citó ocho etapas psicosociales. Estaba más interesado en cómo las interacciones sociales de los niños contribuían al desarrollo de la identidad del ego.

Aunque Freud y Erikson pueden tener diferentes enfoques, ambos entendieron la importancia de cada etapa en el desarrollo de una personalidad sana. Las interacciones anormales en cualquiera de los niveles pueden causar algunos problemas en la psique del niño. Entonces, ambos estarían de acuerdo en que cualquier cosa a la que expongas a una persona en su infancia tendrá un efecto en el desarrollo de su personalidad.

¿Qué dicen las teorías de tipos?

Las teorías de tipos agrupan a todos en categorías, lo que básicamente dice que todos pertenecen a un conjunto limitado de tipos.

Una de esas teorías agrupa a todos en cuatro tipos: A, B, C y D:

- **Tipo A -** se les considera personas obsesionadas con el trabajo y los logros que buscan la perfección en todo. Pueden ser competitivos y agresivos cuando algo o alguien les sirve de obstáculo para sus objetivos.
- **Tipo B -** son casi lo contrario porque no se estresan demasiado. Tienen un temperamento uniforme pero tienen la tendencia a volverse holgazanes.
- **Tipo C -** parecen ser versiones menos agresivas de los Tipo A. Son perfeccionistas y concienzudos, pero no se sienten tan cómodos revelando cómo se sienten.
- **Tipo D -** son personas pesimistas. No creen en sí mismos en absoluto y prefieren mantenerse alejados de otras personas.

Rasgos pares tienen sus teorías únicas

Las teorías a menudo abordan cómo se forma la personalidad a través de características inducidas genéticamente. Algunas personas son agradables. Se conectan fácilmente con otras personas porque sienten empatía por ellas. Algunas personas son conscientes. Tienen objetivos y saben cómo trabajar para lograrlos. Se puede confiar en ellos. Otro rasgo por el que se juzga a las personas es su deseo de complacer. Son personas que quieren conformarse y poder entregar lo que se espera. No todo el mundo es así.

Por supuesto, puedes observar a las personas que se encuentran en el otro extremo del espectro, aquellas a las que les resulta difícil tratar con otras personas. Algunos incluso son totalmente desagradables. Son personas que simplemente no piensan en los resultados de sus acciones.

Hoy en día se habla comúnmente de extraversión versus introversión. Algunas personas son más amigables y obtienen su fuerza de sus comunicaciones externas, mientras que otras tienen que estar solas por un tiempo para recuperar la energía que han perdido al interactuar con los demás.

El neuroticismo también se encuentra en las personas. Tienden a sentirse ansiosos todo el tiempo y pueden enojarse rápidamente después de estar expuestos al estrés. Las personas neuróticas pueden haber estado expuestas a factores estresantes durante sus etapas vitales de desarrollo. Las personas abiertas están listas para explorar cosas nuevas. Son más creativos y están dispuestos a llevarse sorpresas en el camino. Por supuesto, las personas son combinaciones de lo anterior. Una vez más, cada uno de nosotros es único, por lo que somos una combinación de muchos aspectos, afectados no solo por la genética sino también por nuestro entorno y otras experiencias.

Teorías psicodinámicas

Las teorías psicodinámicas de Sigmund Freud y Erik Erikson han sido mencionadas anteriormente. Las nuevas teorías que caen bajo esta categoría todavía están influenciadas en gran medida por la dependencia de Freud de lo que la mente inconsciente le hace a nuestras personalidades. Tanto Freud como Erikson se refieren a etapas de desarrollo a las que podríamos referirnos al analizar el comportamiento actual.

No es de extrañar que las teorías psicodinámicas posteriores sigan las de Freud. Fue Freud quien primero reconoció cómo el inconsciente afecta la forma en que las personas se comportan. Las teorías psicodinámicas también dividen la personalidad en tres partes: el yo, el ello y el superyó. El yo se refiere a los componentes genéticos de la personalidad. Incluye los instintos Eros (sexo/vida) y Thanatos (agresividad/muerte), que son intrínsecos a la persona. El ello se desarrolla para ayudarte a alinearte con las expectativas del mundo. El superyó hace uso de la moral de la sociedad, que aprendes de tus padres y de otras personas, especialmente de tus mentores cercanos. El yo y el superyó son partes inconscientes de tu mente. Por lo general, luchan contra tu mente consciente, que es tu ego. Estos conflictos pueden ponerte ansioso, por lo que el ego puede terminar sacando algunos mecanismos de defensa.

Teorías del comportamiento

Según las teorías del comportamiento, tu personalidad es la suma de tus interacciones con tu entorno. Solo tus comportamientos observables están incluidos en estos estudios. Por lo tanto, es posible que tus pensamientos no se tengan en cuenta. Puedes decir que esto va en contra de la descripción de lo que es una personalidad, y tienes razón. Sin embargo, los investigadores todavía están tratando de encontrar una manera de obtener una evaluación tangible de los comportamientos de las personas.

Si estás en la academia, notarás que los nombres de los teóricos del comportamiento te son familiares. Los gustos de B. F. Skinner y John B. Watson se han convertido en una verdadera parte de la enseñanza y la disciplina. El aprendizaje se observa a través de comportamientos y patrones observables. Por supuesto, los maestros no podrán leer la mente de los estudiantes para ver si sus pensamientos de alguna manera superan lo que muestran mediante la aplicación de su conocimiento.

Teorías humanistas

También hay que considerar las teorías humanistas sobre la personalidad. Aquí se hace hincapié en cómo cada persona se enfrenta a su entorno y responde a él por voluntad propia. Carl Rogers enfatizó la autorrealización, por lo que un individuo contribuye a sabiendas al desarrollo de su personalidad. Rogers creía que cada persona tiene un concepto de quién es, por lo que va respondiendo a continuos estímulos de acuerdo a cómo se ve a sí mismo.

Abraham Maslow también cree en la autorrealización. Formula una jerarquía de necesidades con demandas fisiológicas colocadas justo en la base de la pirámide. La respiración, la alimentación, el sexo, la excreción y otros procesos necesarios para la supervivencia se incluyen en esta sección. Un paso por encima de esto es la Seguridad. Aquí, vemos empleo, recursos, moralidad y más. El amor y la pertenencia van después de eso, abarcando la familia, las amistades y la intimidad sexual. Después de lograr estos, una persona puede empezar a buscar su estima. Finalmente, puede decir que ha alcanzado el pináculo de la jerarquía en la autorrealización.

Si bien Rogers y Maslow presentan cosas bastante convincentes sobre la personalidad, sus estudios no se consideran rigurosos. De hecho, algunos incluso dicen que estos estudios no tienen evidencia empírica. A pesar de esto, a la gente le gusta la idea de que cada individuo tenga algo que decir sobre cómo finalmente puede lograr lo mejor de sí mismo. Las teorías humanistas no dejan a las personas con visiones fatalistas de lo que podría ser la vida.

Introvertido versus extrovertido

Se han formulado pruebas, como la prueba de Myers-Briggs, para medir si una persona tiene tendencias introvertidas o extrovertidas. Isabel Briggs Myers fue coautora del inventario de personalidad con su madre, Katharine Cook Briggs. Se dijo que las preguntas se formularon teniendo en cuenta las teorías de Carl Jung. Jung conceptualizó que los comportamientos de las personas dependen de cuatro funciones psicológicas: sensación, intuición, sentimiento y pensamiento. A través de estas funciones primarias y la introversión o extraversión de una persona, la prueba de Briggs-Myers puede identificar dieciséis personalidades distintas.

La prueba de Briggs-Myers identifica ocho variaciones de introvertidos. Como se mencionó anteriormente, estas son personas que pierden mucha energía cuando tienen que mezclarse con otras personas. Necesitan tiempo para estar solos y revitalizarse. No significa que se esconden de los demás todo el tiempo. Por lo general, están más en contacto con sus pensamientos internos. Los introvertidos se destacan por observar a otras personas y saber exactamente qué hacer en cada situación. No significa que se sientan cómodos con cualquiera de esas posibles acciones. La prueba también identifica ocho tipos de extrovertidos. Los extrovertidos se sienten más cómodos con la socialización. Lo más probable es que digan lo que han querido decir todo el tiempo. Los extrovertidos se destacan por ser capaces de formar redes para conectarse con más personas.

4

Analizar a las Personas usando el Lenguaje Corporal

Puedes hacer que un humano te obedezca sin dudarlo de manera similar a como podrías entrenar a tu perro para que responda a tus señales y gestos no verbales. Este libro es para personas que reconocen los posibles beneficios de un poco de control o que están dispuestas a hacer todo lo posible para hacer realidad esa fantasía. Esto no sucederá automáticamente, por supuesto. Después de todo, pocas cosas que valen la pena se obtienen fácilmente, pero con la práctica, podrás ejercer sutilmente tu voluntad sobre quienes te rodean para tus propios fines. Sin embargo, el primer paso consiste en analizarlos, por lo que en este capítulo se discutirá cómo analizar a las personas en función de su lenguaje corporal.

Cuatro temperamentos

En general, hay cuatro rasgos principales de personalidad, y saber a cuál pertenece tu objetivo es fundamental para abordarlos de manera eficiente. Estos rasgos de carácter incluyen sanguíneo (sociable, entusiasta y dinámico), colérico (impaciente, de mal genio o rápido), melancólico (tranquilo, analítico y sabio) y flemático (sereno, tranquilo y racional, o pacífico y relajado).

La Dra. Helen Fisher ha modernizado esta vieja teoría acuñando nuevas etiquetas para los mismos tipos básicos de personalidad. Según ella, el Explorador (Sanguino), el Negociador (Flemático), el Director (Colérico) y el Constructor (Melancólico) son los cuatro rasgos principales de la personalidad. Esto no quiere decir que las personas que conozcas no tengan una combinación de rasgos de personalidad, pero es casi seguro que tendrán un tipo dominante de personalidad.

Si bien comprender los muchos tipos de personalidades puede no parecer útil inicialmente, con la experiencia, podrás asociar las peculiaridades comúnmente experimentadas con cada una de ellas. Eventualmente, podrás entrar a una habitación con personas que no conoces y elegir la personalidad básica de cada persona con solo observarlas. Si bien inicialmente, puedes sentirte nervioso; enfócate en el lenguaje corporal de quienes te rodean y trata de identificar con qué tipo de personalidad estás tratando. Puedes notar que las personas que te rodean no se sienten exactamente cómodas, o quizás algunas de las personas que te rodean parecen estar radiantes de confianza. Debes observar. Es hora de entrenar al perro.

Colérico

ANALIZAR A LAS PERSONAS USANDO EL LENGUAJE CORPORAL

En términos generales, deberías poder detectar a los coléricos en la habitación, ya que son aquellos que no pueden quedarse quietos. Si esperas influir con éxito en esta persona, necesitarás estar preparado para compensar su falta de paciencia. Con frecuencia, se puede escuchar a una persona colérica incluso antes de que se la vea, lo que indica que está de buen humor. Se necesita muy poco para llamar la atención de esa persona, ya que están ansiosos por brindarla.

Es posible que tengas más dificultades con este tipo de personalidad, ya que tienden a querer y les gusta compartir sus pasiones con los demás, lo que significa que a menudo son naturalmente carismáticos. Incluso pueden dominar naturalmente otros tipos de personalidad, especialmente las personas flemáticas, lo que significa que primero tendrás que tratar con ellos si te encuentras en un entorno grupal. Tienden a ser planificadores naturales, lo que significa que estarán de acuerdo con lo que digas si lo presentas como una solución lógica a un problema específico.

La principal debilidad de muchas personas coléricas es que cuando sus objetivos no salen según lo planeado, pueden volverse melancólicos o malhumorados. Como resultado, mencionar que están a punto de perder o mencionar una falla particularmente desagradable del pasado es una técnica natural para tomarlos por sorpresa. Además, querrás tener en cuenta que a menudo son impacientes, ansiosos y, en general, tienen dificultades para relajarse. Si te encuentras con un individuo colérico, puedes congraciarte jugando con estas debilidades o puedes explotarlas si tienes algo más en mente.

Otra señal certera de que estás trabajando con una persona colérica es que tiende a ser menos emocional que los otros tipos de personalidad. Esto significa que es más probable que sean antipáticos si juegas con sus emociones y es más probable que sean inflexibles en general. Como tal, deberás apelar a tu lógica si esperas progresar. Sin embargo, también puedes usar esta falta de emoción a tu favor, ya que los coléricos a menudo se sienten incómodos con las demostraciones excesivas de emoción.

Flemático

En el otro lado de la balanza están las personas que son flemáticas porque parecen estar más contentas con lo que sea que esté sucediendo actualmente. Probablemente se sientan cómodos contigo o con cualquier otra persona que se encuentre con ellos, y tendrás que reflejar su vibra si quieres progresar con ellos. Una de las mejores cosas con respecto a los flemáticos es que en realidad son constantes, por lo que una vez que los convenzas de tu punto de vista, no tendrás que volver a pasar por el proceso. Son, por lo tanto, amigables por naturaleza y, si es posible, prefieren resolver los conflictos por sí mismos. Sin embargo, debido a que con frecuencia dudan, es posible que se congelen cuando te acercas a ellos agresivamente.

Las personas flemáticas tienden a preferir la estabilidad al cambio, lo que significa que a menudo son susceptibles a ideas que implican permanecer en el statu quo. Como tal, si alguna vez vas a convencerlos de ir contra la corriente, tendrás que moverte lentamente y hacerles entender que realmente no tienen otras opciones. Ten en cuenta que pueden ser pasivo-agresivos y no responder de la misma manera, esto es solo una respuesta a su disgusto por el cambio y es más una respuesta automática que cualquier otra cosa.

Este tipo de personas a menudo mantienen sus emociones ocultas y exhiben una fachada relajada y tranquila, independientemente de lo que suceda en su interior. Como tal, se requerirá un esfuerzo adicional para romper su caparazón y aprender cómo se sienten realmente. Es posible que desees involucrarlos en una conversación amplia para ver si puedes tener una idea de lo que los hace felices y lo que los enoja. Avanzar sin este referente puede ser peligroso, ya que será difícil saber si les gusta lo que dices o si se oponen a ello. Aunque por lo general están ansiosos por hacer compromisos en lugar de causar un escándalo, a menudo son egocéntricos y odiarán cualquier sacrificio que se vean obligados a hacer. Recuerda que no son reacios a guardar rencores.

Melancólico

Si miras a estas personas, es probable que sean las más tristes de la habitación y lo más probable es que te miren directamente. Son los individuos que tienen más probabilidades de sospechar de inmediato, así que prepárate para resistirlos antes de tratar con ellos. Estas personas son propensas a la introspección mientras están atentas a las opiniones y deseos de los demás. Esto podría hacer que se centren demasiado en la crueldad inherente del mundo, lo que podría escalar fácilmente hasta la desesperación.

Un rasgo útil que comparten la mayoría de los melancólicos es el deseo de perfección en todo lo que hacen, lo que los hace muy conscientes de los demás. Esto está directamente en contradicción con la dificultad que a menudo tienen para relacionarse con otras personas, ya que habitualmente no están a la altura de los estándares del melancólico. Se caracterizan por ser muy autónomos y prefieren hacer las cosas por sí mismos en lugar de conformarse con menos de lo que creen que merecen. Como tal, la mejor manera de congraciarte con un melancólico es apelar al sentido de autoestima que acompaña a su perfeccionismo. Si puedes encontrar algo que te permita acceder a su torre de marfil, naturalmente estarán mucho más inclinados a seguir tu ejemplo; después de todo, has demostrado que tienes buen gusto. También tienden a enfocarse en una cosa a la vez, lo que significa que es posible que debas liderar la conversación para asegurarte de que llegue a donde necesitas.

Sanguíneo

Las personas sanguíneas son encantadoras, impetuosas y, lo más importante, buscadoras de placer. Si estás en una función social, las personas alegres serán las más ruidosas de la multitud y harán nuevos amigos con todos. Por otro lado, estas características de personalidad tienen dificultades para apegarse a las tareas, por lo que ayudarlos con las cosas que han querido hacer pero que no han logrado es una excelente manera de familiarizarse con ellos.

Es muy difícil avergonzar a una persona optimista, ya que normalmente son desvergonzados por naturaleza y siempre están seguros de que lo que están haciendo es la elección correcta. También son pozos de confianza virtualmente interminables, lo que significa que nunca avanzarás con ellos tratando de convencerlos de que han hecho un movimiento equivocado. Tienden a ser muy físicos y disfrutan del contacto personal, lo que significa que igualar este deseo es una excelente manera de obtener puntos de bonificación desde el principio. También son curiosos por naturaleza, lo que significa que también puedes engancharlos temprano mostrándoles algo que nunca antes habían visto. También les encanta contar historias, lo que significa que escuchar y comentar cuando sea apropiado es otra gran técnica de congraciamiento.

La mayor debilidad de los individuos optimistas es que tienden a sentirse controlados por sus circunstancias. Como tal, si puedes convencerlos de la mejor manera de salir de la última situación en la que se han encontrado, es probable que acepten lo que sea que estés sugiriendo sin pensarlo dos veces. Cuando estés en circunstancias sociales, querrás tenerlos a tu lado, ya que estarán más que felices de difundir la noticia de lo genial que eres a todos los demás en la fiesta.

Qué hacer con estos detalles

Conocer los diferentes tipos de personalidad te ayudará a leer a las personas para decidir quiénes son realmente. Desde aquí, puedes decidir qué técnica se necesitará para persuadirlos o relajarlos para tus propios fines.

Lenguaje corporal positivo

El lenguaje corporal positivo transmite una vibra o actitud positiva que aquellos con quienes te estás comunicando instintivamente buscarán más. Inclinarse hacia ti cuando alguien habla es realmente una señal muy clara de un buen lenguaje corporal. Estás tratando con una persona flemática si esto ocurre espontáneamente. Suelen ser personas seguras de sí mismas; Aprende a conocer tu tipo de personalidad. Es un simple acto de cercanía que se puede utilizar independientemente de tu nivel de confianza. Corresponde a la confianza con una sonrisa sincera y una pequeña risa. Debería ser fácil confiar o adquirir la confianza de esa persona después de eso.

Cuando una persona parece calmarse sin esfuerzo, sin cruzar los brazos y las piernas, es otra evidencia de un buen lenguaje corporal. Esto dice: "Tengo confianza", pero la verdad es que, a pesar de su aparente confianza, lo más probable es que tengan una mala imagen de sí mismos. Estas personas, independientemente de sus rasgos exteriores, tienen una personalidad sombría. Es posible que tú, o la persona que estás observando, sea inseguro y trate de ocultarlo. Podrías estar lidiando con una persona colérica si no estás interactuando con una persona melancólica. "Fíngelo hasta que lo logres" es el dogma del tipo de personalidad colérica. No renunciarán ni se darán por vencidos fácilmente.

Si estás tratando con este tipo de personas, simplemente descruzar las piernas o los brazos debería darte un impulso de confianza. Lanza una sonrisa real a otra persona que conozcas y observa cómo se animan un poco. Tal forma de lenguaje corporal puede requerir cierta habilidad, pero te da poder sobre las circunstancias. El contacto visual prolongado a menudo es relevante de alguna forma, pero comprenderlo puede ser difícil porque es fácil de malinterpretar. Si una persona puede mirarte durante más de varios segundos sin evitar el contacto visual, por lo general es confiada y sincera a tu alrededor. Este es probablemente el tipo de personalidad flemática, que incluye un toque de timidez incómoda. Se darán cuenta de que escaneas el área, pero no esperes que te confronten al respecto.

El contacto visual, en general, te hace parecer interesado y revela mucho sobre el personaje con el que estás trabajando. Cuando te encuentras mirando a alguien, probablemente estés interactuando con una persona alegre. Este es el más sincero de los cuatro, ya que también es el más observador. Es la forma de demostrar esos atributos mirando a un individuo a los ojos. La timidez puede hacer que mires hacia abajo o hacia otro lado, según las circunstancias. Se cree que las personas tímidas son inocentes. La mayoría de las personas flemáticas son muy hábiles en esto. Aunque puedes tener tus motivos, debes parecer inocente porque la mejor manera de mantener a las personas involucradas es mantenerlas interesadas.

Como quieres que la gente confíe en ti, tienes que acercarte lo suficiente para analizar con qué tipo de personalidad estás tratando. Si la otra parte mira hacia otro lado y hacia abajo, y luego vuelve a mirarte, aprovecha esta oportunidad para mirarlos más de cerca. Esta es una señal de vulnerabilidad, lo que significa que confían en ti, por lo que eres libre de hacer lo que quieras con esa confianza. Este suele ser un buen momento para preguntarles sobre ellos mismos u ofrecerles algo personal para romper el hielo. Los cumplidos siempre son una buena opción, ya que es difícil que no te guste alguien que te ha elogiado recientemente.

Sonreír. Puede transformar tu día cuando estás caminando por la calle y alguien te sonríe genuinamente. Es el tipo de poder que te gustaría poseer. Muchas personas sanguíneas tienen esta habilidad. En la superficie, son agradables y pueden hacer sonreír rápidamente a las personas. Es difícil fingir una sonrisa. Los ojos revelan la realidad de cualquier sonrisa. Presta especial atención a las líneas que aparecen cada vez que se mueven las mejillas, lo que indica una sonrisa sincera. Si le pides a alguien que haga algo y te dice que no, sonríe de todos modos para que no se sienta mal por ello. En función de su reacción, repetirlo en un tono diferente y con voz cómica (humor), luego en tono serio. Solicita el favor una vez más, esta vez con una sonrisa. Esto solo debe utilizarse en contextos sociales y no debe utilizarse en el trabajo. A menos que te lleves bien con tus compañeros de trabajo o estés seguro de que estás interactuando con una persona feliz.

Puede estar interactuando con una persona colérica si tu colega muestra disgusto por las emociones y parece impaciente. Tendrás que dar la impresión de que están a cargo. No reacciones con demasiada fuerza, sin importar cómo resulten las cosas. Es posible que ser demasiado feliz arruine el ambiente. De la misma manera, si no estás contento, solo sonríe. Por otro lado, saber más sobre uno mismo te permite regular la presentación o incluso conquistar tus defectos para ejercer influencia o estar lo suficientemente cerca de otros individuos para evaluarlos objetivamente.

Señales negativas de personalidad

Dado que tienes un conocimiento razonable del buen lenguaje corporal, echemos un vistazo más de cerca a las señales negativas que con frecuencia emiten varios tipos de personas. Además, las personas más serias y genuinas pueden ser engañadas al enviar señales de socorro usando su lenguaje corporal, por lo que es crucial tomarlas con cuidado para evitar ser engañados. Si te encuentras con alguien que pretende disuadirte y que puede estar criticándote, es probable que tenga una personalidad flemática. Estás en compañía de una persona optimista si el pesimismo que estás captando proviene de alguien que requiere una atención que parece falsa. Debes comprender las diferencias y también cómo reaccionar ante cada situación para lograr tu objetivo. Ya sea para alegrar el día de alguien para que puedas disfrutar de su presencia o para alejarte de alguien que quiere dañar tu ambiente, hay muchas razones para hacerlo. En cualquier caso, la práctica hace al maestro, por lo que la observación requiere una cantidad significativa de ella.

Espacio personal

Cuando alguien deja de mirarte, generalmente es porque cree que has hecho algo malo o simboliza algo terrible para él. Esta mentalidad es aplicable a los cuatro tipos de personalidad. Es doloroso ser rechazado. Cuando necesites cambiar el ambiente, regresa a tu entorno en lugar de tratar de arrepentirte.

Es poco probable que los tipos de personalidad optimistas te abandonen. Prefieren estar cerca de la persona a la que están atentos. No te alarmes por esto. Deja claro que lo vales. Simplemente cambia tu actitud a una posición realmente relajada. Puedes hacer esto dirigiendo tus pies hacia esa persona, sonriendo o haciéndole una pregunta sobre su trabajo o ciudad natal. Pregúntales si querrían un poco de aire fresco mientras sonríen. Acabas de establecer un encuentro íntimo con alguien que antes se mostraba escéptico contigo. Una vez que acepten salir contigo, deja que ellos y su personalidad optimista hablen la mayor parte del tiempo, ya que es muy probable que lo hagan porque están inquietos.

Desactiva una situación negativa

Evita sonreír si realmente quieres mantener la calma hasta que salgas de una situación difícil. Cuando alguien da la sensación de estar inestable o inseguro, sucede esto. A pesar del hecho de que es probable que tenga una personalidad sanguínea que es conocida por menospreciar a las personas, trata de saber si está molesto o si sólo está tratando de liquidarte. Debes evitar mirar a la persona y, en su lugar, hacer un breve contacto visual o dar la impresión de que todo está bien. Ese es un caso extremo, pero no te gustaría entrar en pánico y gritar si te apuntan con una pistola a la cabeza. En tu lugar, debes mantener la compostura y una conducta tranquila y controlada. Ese es el punto fuerte de un tipo de carácter flemático. Llorar molestaría a la persona hasta el punto de que te dispararía. Esto puede ocurrir si tienen una personalidad colérica, a la que no le gusta llorar y es indiferente hacia los demás en general.

Mirar lado a lado

Ya sea que estés trabajando con alguien en un contexto social o comercial, no deberían estar mirando de lado a lado. Esto indica que están inquietos o aburridos. ¿Tienen un comportamiento cauteloso? Cuando un tipo de personalidad sombría está completamente en su propio mundo, puede parecer reservado. Cuando te encuentres en esta condición, aprovecha la situación para usar un buen lenguaje corporal para hacerte cargo del estado de ánimo. Exigir atención no hará que la persona te escuche. Serás percibido como una amenaza por una personalidad sombría que tiene un complejo. Como resultado, no cruces las manos y sonríe cada vez que veas la mirada de alguien. Está bien hacer una consulta de vez en cuando. Esto permite que el individuo se olvide de su incomodidad. Esta persona solo quiere saber que no está sola y que la ayudarás.

Tocarte la cara

Una persona que se frota la cara indica que está incómoda. Aquellos con personalidades coléricas tienen esta característica. No pueden quedarse quietos e incluso pueden sufrir de ansiedad severa. Esto es popular en todo el mundo, pero el verdadero culpable puede ser simplemente la impaciencia. Actuar fatigado es la forma más fácil de ganar influencia y hacer que esta persona reaccione ante ti. La falta de energía no es un estado mental emocional, que es crucial para esta personalidad no emocional. Aunque parezca extraño, creen que si realmente estás dormido, no te darás cuenta de que han estado nerviosos o sudados o que ni siquiera eres una amenaza. El simple hecho de decir que estás cansado es una defensa fantástica contra todo lo que has hecho mal. Aunque puede que no le agrade a tu jefe, estar cansado es una salida en la mayoría de los entornos sociales porque cualquiera puede sentir empatía. Mantén esta técnica en tu caja de herramientas intelectuales, junto con todas las demás.

Estrés

Los tipos de personalidad colérica son propensos al agotamiento como resultado de su constante necesidad de control. Las personas que se dejan influenciar, hechizar o manipular fácilmente son aquellas que han sido estafadas, hechizadas o influenciadas. Si realmente necesitas la ayuda de alguien, haz una pausa hasta que la persona esté ansiosa. Es posible que no tenga la fuerza para considerar las cosas, pero tú tienes la ventaja. El truco es mantener la calma y no permitir que abusen de ti. No querrás ser responsable por el estrés; lo único que quieres es que te sirva. Recuerda que esta persona necesita acusar a alguien de sus problemas prácticamente todo el tiempo.

Cuando una persona está ansiosa, no solo podrías convencerla más fácilmente, sino que también podrías ser un héroe. Eres muy consciente de que este individuo, que tiene personalidad sombría, requiere tranquilidad. Debido a que están envueltos en dudas sobre sí mismos, requieren más refuerzo que el resto de los tipos de personalidad. Deben protegerse de más estrés y tú intentas establecer una atmósfera relajante. Ahí es donde la adulación entra en escena. Aplícalo. Pide lo que necesites ahora. Este individuo tendrá miedo de que lo abandones. Simplemente mantén a alguien solo para lograr tu objetivo.

Tener una meta en mente

Con todos los consejos que se dan, elige tu intención antes de aplicar cualquier técnica. Antes de que puedas persuadir a alguien para que actúe de manera diferente, deberás profundizar en su mundo y descubrir por qué se resiste a ti. Una vez que conozcas su miedo o motivación, puedes minimizar el riesgo. ¿Tu intención implica explorar? Puedes apuntar a una personalidad optimista, conocida por tener la curiosidad de un niño. ¿Estás planeando negociar un trato? Esto será más fácil con un tipo de personalidad flemática, que es bastante agradable al ocultar el hecho de que no tiene metas propias. ¿Necesitas que alguien se responsabilice de algo que debes hacer? Seguramente, puedes convencer fácilmente al tipo de personalidad colérica compulsiva y mandona de que esta fue su idea. ¿Necesitas una persona leal para conseguir tu objetivo? Encuentra una personalidad melancólica. Esta es la razón por la que se levantan por la mañana: para demostrar que son dignos de confianza.

No importa con qué tipo de personalidad estés tratando, te irá mejor si no pueden explicar la razón por la que no están de acuerdo contigo o rechazan tu influencia. Sacude la cabeza y actúa un poco decepcionado. Si adoptan una actitud o quieren discutir, siempre, y quiero decir siempre, toma el camino correcto y limpia el desorden usando frases como "Respeto tu opinión o creencia, no vale la pena perder nuestra amistad. Pido disculpas. Voy a reconsiderar tu posición." Usa un tono genuino. Independientemente de si lo que dices es en serio o no, te estás ganando la reputación de ser alguien serio, y por eso tendrás respeto.

Pedido de Ayuda

Las personas que ayudan a los demás sin esperar nada a cambio tienen mayores niveles de satisfacción, viven vidas más largas y ganan más riqueza. Algunas personas en nuestro mundo se destacan entre la multitud. Para leer y analizar con precisión a las personas, debes considerar el comportamiento de las personas y saber que cada comportamiento cumple un papel importante en el mantenimiento del equilibrio psicológico de un individuo, independientemente de cómo se presente. Estas técnicas discutidas en este libro pueden usarse para analizar las vidas de quienes te rodean, así como la tuya. Sin embargo, para mejorar en el análisis y la lectura de personas, es importante que apliques las técnicas que has aprendido en este libro a situaciones cotidianas. Básicamente, cuanto más practiques, mejor te volverás en eso.

El desarrollo de la personalidad, a la larga, te ayuda a sobresalir entre la multitud. Desempeña un papel más importante en la mejora de tus habilidades comunicativas. La gente debe dominar el arte de expresar sus sentimientos y pensamientos de la manera más apropiada. El desarrollo de la personalidad te convierte en un individuo seguro de ti mismo que es muy respetado y apreciado dondequiera que vaya. Te ayuda a inculcar valores positivos, como la voluntad de aprender, el afán de ayudar a los demás, el carácter amable, la puntualidad y una actitud flexible.

¿Alguna vez te has preguntado cómo los profesionales interpretan o analizan el lenguaje corporal de las personas? ¿Te gustaría aprender a leer rápidamente a las personas usando esta increíble habilidad? ¿O te gustaría saber cuáles son las intenciones genuinas de alguien cuando está ayudando a otros?

Si es así, me gustaría hablar en nombre de alguien que ni siquiera conoces, y es poco probable que alguna vez lo hagas. Podrían ser personas como tú en el pasado: menos informadas, ansiosas por ayudar a la sociedad, buscando información pero sin saber dónde buscar, razón por la cual tú intervienes. Al leer este libro, espero que hayas ganado algunos hechos fundamentales sobre el arte de cómo analizar a las personas. También espero que utilices este nuevo conocimiento para planificar tus acciones, para que puedas volver a tomar el control de tu vida y dejar atrás la carga emocional de una vez por todas. Si encuentras este libro útil hasta ahora, ¿podrías tomarte unos minutos ahora mismo para proporcionar una revisión honesta de su contenido?

Tus comentarios ayudarán a...

...que una persona más cambie su estilo de vida.

...que una persona interactúe significativamente con otros en el trabajo.

...que una persona más experimente una transformación que no habría experimentado de otra manera.

...cambiar a una persona más en pos de una mejor sociedad.

Todo lo que debes hacer para que sea una realidad es... dejar una reseña honesta... que debería tomar menos de un minuto...

Con suerte, has aprendido y seguirás aprendiendo algunas formas prácticas a través de las cuales puedes analizar y leer a las personas que te rodean. Al llegar al final de este libro, creo que también descubrirás una nueva percepción de ti mismo y de tu propia personalidad.

PD: Eres mi tipo de persona si sientes que es bueno ayudar incluso a una persona desconocida. Por lo tanto, estoy aún más emocionado de seguir ayudándote a superar tus preocupaciones en los siguientes capítulos, ya que apreciarás las estrategias que te contaré en breve.

PPD: Truco para la vida: cuando le presentes a alguien algo importante, vincularán ese valor contigo. Comparte este libro con otra persona si necesitas de su buena voluntad.

Desde el fondo de mi corazón, te agradezco sinceramente.

5
Comprender valores, creencias y actitudes

Para comprender completamente a otra persona, es esencial comprender primero sus valores, sistemas de creencias y actitudes. Comprenderlos ayudará a explicar su comportamiento y te dará una mejor idea de su perspectiva de la vida. Básicamente, tus valores, actitud y creencias son las cosas que te hacen ser lo que eres. Afectan lo que haces, cómo piensas y cómo haces las cosas. Naturalmente, tus antecedentes, educación, experiencias y relaciones habrán jugado un papel en la forma en que ves las cosas. Sin embargo, las actitudes y creencias pueden llevar a una persona a asumir cosas acerca de los demás que no son correctas o justas. Por lo tanto, es importante que te des cuenta de esto y desarrolles la autoconciencia para que puedas estar seguro de que esto no te sucederá a ti. Tomarse el tiempo para conocer y comprender las diferentes actitudes y creencias de los demás te ayudará a relacionarte con ellos de una manera que las tengas en cuenta.

COMPRENDER VALORES, CREENCIAS Y ACTITUDES

Echemos un vistazo a lo que significan los valores, creencias y actitudes y cómo pueden ayudarte a analizar a una persona en un nivel fundamental.

¿Qué es una creencia?

Básicamente, una creencia se refiere a la actitud o las ideas de una persona sobre el mundo. Se refiere a una opinión que una persona tiene como verdadera, y tales creencias pueden ser de naturaleza religiosa, cultural o moral. Esencialmente, las creencias sirven como marco fundamental de las acciones de una persona; por lo tanto, las creencias que tiene una persona tienden a servir como una parte importante de su identidad. Por lo general, el tipo de creencias que tiene una persona determina la calidad del trabajo, la vida y la relación de esa persona con otras personas; esto es especialmente cierto ya que las creencias de una persona tienden a determinar sus experiencias en la vida. Aunque la mayoría de la gente tiende a confiar en que sus creencias se basan en la realidad, la verdad del asunto es que sus creencias son las que gobiernan sus realidades.

No hace falta decir que las personas tienden a considerar que sus creencias son valiosas porque reflejan quiénes son y cómo viven sus vidas.

Las creencias de una persona pueden provenir de diferentes fuentes, incluyendo:

- Normas culturales y sociales.
- Las propias experiencias de una persona.
- Lo que dicen otras personas, como educación.

Por lo general, una creencia potencial permanece con una persona hasta que la acepta como verdad y la adopta como parte de su sistema de creencias individual. Por lo tanto, cada persona tiende a evaluar y buscar razones sólidas o evidencias para la adopción de estas creencias potenciales en su vida. Una creencia se convierte en parte de la ideología de una persona una vez que acepta dicha creencia como una verdad que está dispuesta a defender.

Creencias preexistentes

Algunas personas tienen creencias preexistentes causadas por los estereotipos a los que han estado expuestas. Temas relacionados con las drogas y el alcohol, la discapacidad, el envejecimiento, la sexualidad, la independencia, la salud, los derechos de las personas, su idea de la salud y cómo es ser mayor y/o discapacitado. Estos estereotipos podrían afectar la forma en que interactúan con otras personas.

¿Qué son los valores?

Los valores son las creencias básicas y fundamentales que motivan o guían las acciones de una persona, así como sus actitudes. Son las cualidades personales que proporcionan una pauta general de cómo nos comportamos. Determinan cómo tratamos a las personas, el tipo de persona que llegamos a ser y cómo interactuamos con el mundo que nos rodea. En resumen, cualquier cosa que una persona tenga en alta estima, como estándares, principios o cualidades, puede considerarse como valores.

Como mencioné anteriormente, los valores son creencias fundamentales que motivan nuestras acciones y, esencialmente, las creencias duraderas son las que una persona adopta como valor. Una creencia se adoptará como un valor cuando una persona comience a considerarla como extremadamente importante. Estos valores luego se convierten en estándares que gobiernan cómo toman las decisiones que dan forma a sus vidas. Esencialmente, para tomar decisiones claras, racionales, responsables y consistentes, una persona debe ser capaz de articular sus valores.

¿De dónde adquirimos valores?

Los valores pueden adquirirse de varias fuentes. Aquí están algunos ejemplos:

- Familia
- Cultura
- Instituciones educativas, como las escuelas
- Compañeros (influencias sociales)
- Religión
- Eventos importantes de la vida, como la muerte, la pérdida de trabajos, el divorcio, los accidentes, los eventos traumáticos, los problemas de salud, las pérdidas financieras, etc.
- Sociedad
- Música
- Lugar de trabajo (roles laborales y ética laboral)
- Libros
- Historia como caídas de la economía, guerras mundiales, etc.
- Medios de comunicación
- Tecnología

Valores dominantes

Estos son una variación de los valores normales. Se refieren a ciertos valores que en general pertenecen a ciertas comunidades, grupos y culturas. Mientras que los valores normales se desarrollan a partir de ciertas creencias que tiene una persona, o en otras palabras, mientras que una persona suele adoptar los valores normales en función de su experiencia o preferencia personal, los valores dominantes se transmiten instintivamente como un tipo de valor establecido a una persona a través de la comunidad en la que residen, la cultura a la que pertenecen o el grupo al que pertenecen.

Los valores dominantes se pueden transmitir a través de las instituciones a las que pertenece una persona, las organizaciones religiosas a las que asiste una persona o incluso la familia de la que proviene. Sin embargo, debes tener en cuenta que los valores dominantes tienden a variar de una cultura o sociedad a otra; es decir, los valores que se consideran dominantes en una cultura o sociedad pueden no considerarse importantes en otra sociedad o cultura.

Algunos de los valores destacados, basados en las fuentes indicadas anteriormente, podrían ser:

- **Religión:** Poseer valores religiosos que tienen que ver con ciertas creencias sobre "lo correcto y lo incorrecto" y "lo bueno y lo malo", así como la creencia en un dios en particular. Los valores religiosos pueden incluir la espiritualidad, la honestidad, la paz, la paciencia, la fe y la gratitud.
- **Familia:** Tener un valor de "la familia es lo primero" que tiene que ver con cuidar a la familia. Los valores familiares pueden incluir la comunicación, el respeto, la generosidad y la apertura.
- **Compañeros:** Valorar la importancia de la amistad, como ser leal a los amigos y hacer ciertas cosas que aprueban los compañeros. Los valores de los compañeros pueden incluir lealtad, aliento, amistad y reciprocidad.
- **Lugar de trabajo:** Valorar el lugar de trabajo puede incluir hacer un trabajo adecuado y comportarse de la manera más profesional posible en el lugar de trabajo. Los valores del lugar de trabajo a menudo se centran en el trabajo en equipo, la innovación, la excelencia, la contribución de calidad, el profesionalismo y la cooperación.

- **Instituciones educativas:** Estos valores pueden incluir la búsqueda del conocimiento, el progreso personal y la creatividad.
- **Acontecimientos significativos de la vida:** Ciertos eventos de la vida, como el matrimonio, la muerte de un ser querido o el divorcio tienden a llevar a las personas a adoptar ciertos valores. Estos valores pueden incluir la participación, el afecto, el humor, la forma física, la fuerza y la prosperidad.
- **Principales acontecimientos históricos:** Así como ciertos eventos de la vida tienen la capacidad de dictar qué valores adoptamos; los principales acontecimientos históricos tienen la misma capacidad. Estos pueden incluir un valor de "trabajar más inteligentemente y más duro" o un valor de "esto también pasará".
- **Medios de comunicación:** Los medios de comunicación, como la televisión, el cine, la radio, Internet y la publicidad, tienen el poder de sugerir la adopción de ciertos valores. Estos valores pueden incluir diversión, disfrute y entretenimiento.
- **Música:** Al igual que los medios de comunicación, la música puede influir en el desarrollo de los valores de una persona, ya que la música suele ser un reflejo de lo que sucede en una sociedad en particular.
- **Tecnología:** La tecnología también puede influir en la adopción de ciertos valores. Estos valores pueden incluir innovación, velocidad, libertad y conexión.
- **Cultura:** El tipo de cultura de la que proviene una persona también puede afectar el tipo de valores dominantes que adopta. Estos valores pueden incluir la familia, la humanidad, el respeto, la religión y la participación.

Los valores ayudan a orientar el comportamiento de los individuos; deciden lo que piensan que es correcto, incorrecto, justo o injusto. Por lo tanto, el tipo de valores que adopta una persona puede ayudarte a analizar el tipo de persona que es.

Nadie anda gritando sus valores o contándoselos a extraños, pero con la práctica y la comprensión de los diferentes valores que existen, eventualmente podrás saber qué tipo de valores tiene una persona en función del tipo de comportamientos que muestra. Por ejemplo, una persona que tiene como valor a la honestidad generalmente exhibirá comportamientos que denotan dicho valor.

¿Qué son las actitudes?

La actitud se refiere a las creencias, valores, sentimientos y tendencias de comportamiento de una persona que luego se dirigen hacia ciertas personas, objetos o ideas. Básicamente, la actitud de una persona se refiere a su creencia personal sobre algo y cómo reacciona ante tales cosas. La actitud de una persona se compone de varios componentes, como sus valores elegidos, sus creencias elegidas, sus experiencias pasadas, sus experiencias presentes, la cultura a la que pertenece y la sociedad en la que vive, entre otros componentes. Además, las actitudes pueden ser implícitas o explícitas. Las actitudes implícitas se refieren a la parte inconsciente de nuestras actitudes que, sin embargo, aún afectan nuestras creencias y comportamientos, mientras que las actitudes explícitas se refieren a aquellas actitudes de las que somos conscientes y que claramente influyen en nuestras creencias y comportamientos.

Mentalmente, las actitudes se refieren a cómo una persona está dispuesta hacia otras personas y cosas; estas disposiciones mentales, por lo tanto, influyen en el proceso de toma de decisiones de una persona, lo que inevitablemente da forma a sus comportamientos. Principalmente, las personas tienden a formar sus actitudes a partir de valores y creencias subyacentes; por lo tanto, su actitud siempre tendrá un elemento positivo y negativo dependiendo de qué tipo de valores y creencias subyacentes formen dichas actitudes.

Una persona adopta una determinada perspectiva de la vida basada en su educación y en sus experiencias y, a su vez, estas actitudes tienden a tener una poderosa influencia en el comportamiento de una persona. Es importante señalar que, si bien las actitudes son duraderas, también se pueden cambiar. También es importante notar que ciertos factores que pueden no haber sido interiorizados como creencias y valores, todavía pueden influir en la actitud de una persona en el momento de la toma de decisiones. Los factores que pueden causar esto incluyen el deseo de complacer, la conveniencia, la corrección política y la presión de grupo.

Lo que un individuo considera atributos esenciales, o qué atributos respeta de los demás y de sí mismo, a menudo están determinados por sus experiencias de vida, así como por los valores desarrollados a través de la influencia familiar, la religión, los instructores, los amigos, la educación y la cultura. Dado que cada uno de nosotros tiene características únicas moldeadas por nuestras experiencias personales, es importante recordar que al estudiar a las personas en función de sus actitudes, las personas tendrán diversos conjuntos de creencias y valores. Es decir, las personas nunca reaccionan ante los problemas de la misma manera.

La Formación de Actitudes

Básicamente, una actitud se puede formar a través de cinco formas principales:

- **Factores sociales:** Los factores sociales que pueden afectar la formación de la actitud de una persona se pueden dividir en dos: roles sociales y normas sociales. Los roles sociales se refieren a cómo se espera que las personas se comporten en ciertos contextos, mientras que las normas sociales se refieren a las reglas sociales que dictan qué tipo de comportamientos se consideran apropiados. Ambos factores sociales tienen la tendencia y la capacidad de dictar cómo se comporta una persona y, en última instancia, conducen a la formación de una cierta actitud que se mantiene durante mucho tiempo.

- **Experiencia:** Como mencioné anteriormente, las actitudes de las personas se forman a través de lo que experimentan tanto en el pasado como en el presente. De hecho, las experiencias de una persona forman la mayoría de sus actitudes hacia la vida.
- **Aprendizaje:** Las actitudes también se pueden aprender a través de varios medios, especialmente a través de los medios de comunicación. Las personas a veces adoptan el tipo de actitud que ven a través de los medios. Por ejemplo, muchas personas, especialmente niños y adolescentes, que vieron a Arnold Schwarzenegger interpretando a Terminator intentaron emular su actitud robótica. Sin embargo, es importante tener en cuenta que las actitudes formadas a través de este canal no tienen ningún poder de permanencia a menos que se refuercen constantemente.
- **Observación:** La observación de los acontecimientos que nos rodean o de las personas que nos rodean también puede contribuir a la formación de ciertas actitudes. Por ejemplo, cuando admiras mucho a alguien, observar cómo actúa y se comporta puede llevarte a adoptar algunas de sus actitudes. De hecho, hay personas que llegan a estudiar las acciones de ciertas celebridades y modelan sus actitudes en base a lo que observaron.
- **Condicionamiento:** Ciertos condicionamientos también pueden determinar la formación de la actitud de una persona. Por ejemplo, imagina a una joven que no fuma mudándose a un barrio donde prácticamente todos fuman, tanto los viejos como los jóvenes, tanto los hombres

como las mujeres: todos. Esta joven podría inicialmente resistirse a adoptar esta actitud despreocupada hacia el cigarrillo, pero a medida que pasa el tiempo, eventualmente adoptará una actitud positiva hacia el cigarrillo simplemente porque todos a su alrededor lo hacen.

El desafío con las actitudes

Algunos de los desafíos con las actitudes de las personas es que con frecuencia pasan por alto cualquier información que contradiga sus creencias, es decir, se vuelven selectivos en la forma en que ven y reaccionan ante las situaciones y los problemas, lo que resulta en una pérdida de objetividad con respecto al mundo. No obstante, al obtener información sobre nuestras actitudes, los humanos pueden disminuir la posibilidad de tomar decisiones basadas sólo en sus opiniones preexistentes subconscientes, lo que les permite interactuar con los demás de manera más amable.

Similitudes entre valores y actitudes

Aunque las actitudes y los valores son claramente diferentes entre sí, tienen algunas similitudes, que se enumeran a continuación:

- Los principios y las actitudes son dos variables importantes que influyen en el comportamiento y el proceso cognitivo.
- Se aprenden y desarrollan principalmente a partir de los mismos fundamentos.
- Perduran y son resistentes a la transformación.
- Tienen un efecto recíproco y se usan indistintamente.

Analizar a las personas teniendo en cuenta sus valores y creencias personales

Al analizar a las personas, es importante tener en cuenta que sus creencias y valores personales son los principales responsables de la forma en que actúan o se comportan. Un valor o creencia puede ser positivo o negativo según el contexto y la forma en que se muestren. Es decir, un valor como la innovación, que es un valor neutral, puede representarse de manera negativa. Por ejemplo, una persona que adopta el valor antes mencionado puede recurrir a robar las ideas de otras personas en un intento por parecer innovador.

Alternativamente, un valor negativo, como mentir, puede actuar de manera positiva. Por ejemplo, supón que una persona está a punto de ser secuestrada con su familia, al negar o mentir que las personas con las que está son su familia, también pueden potencialmente salvarlos de ser dañados o secuestrados. Por lo tanto, al analizar los valores o creencias subyacentes que conforman la actitud de una persona, considera las circunstancias y la intención detrás de sus actitudes. Esto, en esencia, significa que antes de que puedas juzgar a una persona, primero debes conocerla. Esto se debe a que, a veces, analizar a las personas sin tener en cuenta muchos factores, como por ejemplo por qué pueden estar haciendo lo que están haciendo, puede conducir a una percepción inexacta de esas personas.

Respetar las actitudes, creencias y principios de los demás

Además, al analizar a una persona, es fundamental reconocer que todos tienen derecho a su propio conjunto de valores, creencias y actitudes. Como resultado, debes aceptar y respetar la posibilidad de que otros puedan tener creencias, actitudes y valores que difieran más allá de lo que tú llamas normal, aceptable o beneficioso. No debes esperar que otras personas cambien sus valores, actitudes y creencias solo para ajustarse a tu propia definición de las construcciones antes mencionadas.

No siempre es fácil evitar que tus puntos de vista e ideales se comuniquen a los demás, aunque es algo de lo que debes ser consciente. Es muy fácil tener un efecto sutil en los que te rodean. El lenguaje corporal, las posturas, la forma en que dices las cosas e incluso tus comportamientos pueden crear la percepción de que no estás de acuerdo o estás de acuerdo con las creencias o valores de los que te rodean. Y el objetivo de analizar a las personas no es estar de acuerdo o en desacuerdo con el tipo de personas que son, el tipo de elecciones que hacen; más bien, el objetivo final de analizar a una persona es obtener conocimiento sobre lo que los impulsa a comportarse de la manera en que lo hacen y quiénes son fundamentalmente. Por lo tanto, puedes usar el conocimiento que obtienes al analizar a una persona para acercarte o mantenerte alejado de ella. Todo depende de si puedes aceptarlos como son o no.

Sé consciente de los valores y creencias de los demás al comunicarte

En el campo de la comunicación, hay algo que es conocido por los grandes comunicadores pero a menudo ignorado por muchos otros, y este algo es la capacidad de sentir los valores y creencias de los demás y asegurarse de no ofenderlos. Sin embargo, es importante en este punto resaltar que las personas generalmente no nos dirán qué valores/creencias tienen en sus vidas ya que, a veces, estos valores y creencias los tienen en un nivel subconsciente, por lo tanto, es posible que no lo sepan.

Es interesante notar que no nacemos con valores y/o creencias en la vida, sino que nuestros padres/maestros nos los inculcaron o hemos desarrollado/adquirido tales valores/creencias en algún momento de nuestra vida. Estos valores o creencias pueden ser positivos o negativos, pero lo más importante a tener en cuenta es que normalmente vivimos nuestras vidas de acuerdo con ellos y, por lo tanto, es importante no infringir los valores/creencias de los demás para evitar ofenderlos.

Entonces, ¿cuáles son estos valores o creencias? Estos valores o creencias varían entre individuos y grupos; por lo tanto, es casi imposible definirlos. Van desde valores positivos, como ser respetuosos con los mayores y ser obedientes con nuestros padres, hasta valores no tan positivos, como priorizar el ocio sobre el trabajo y ser demasiado individualistas hasta el punto de ser egocéntricos. La mayoría de nosotros solemos vivir según nuestros valores o creencias durante años y, por lo tanto, se vuelve habitual. Si bien es posible adquirir nuevos valores o creencias y deshacerse de los antiguos, lo que es importante para todos es tomar nota de los valores o creencias existentes que tienen diferentes individuos y comunicar esos valores, ya que de lo contrario se dificultará el éxito de la mayoría de las comunicaciones.

Sin embargo, si las personas con las que conversamos no expresan abiertamente sus valores/creencias, lo que generalmente sucede, ¿cómo podemos identificar los valores o creencias que tienen? Bueno, por lo general, la receptividad de una persona a nuestras respuestas a sus preguntas o comentarios en medio del proceso de comunicación se refleja en sus respuestas no verbales, como su expresión facial, tono de voz, gestos, lenguaje corporal y emociones.

Estos son algunos ejemplos de signos de incomodidad cuando se violan los valores individuales de las personas:

- **Cambiar el tema de conversación:** Cuando se violan los valores o creencias de alguien, por lo general intentarán cambiar de tema. Un ejemplo común sería preguntar la edad de alguien, especialmente de una dama. Si tiene la creencia de que la edad de una dama nunca debe revelarse, cambiará el tema de conversación Por lo tanto, es importante que tomes nota de este cambio abrupto en las respuestas de otras personas, así como en su tono de voz, que puede volverse frío en este punto, y su expresión facial, que también puede volverse un poco severa.
- **Reducir la frecuencia del contacto visual:** Puedes sentir que la otra parte parece haber reducido la frecuencia del contacto visual contigo. Si bien esto a menudo implica enojo, una causa más probable podría ser el hecho de que, sin darse cuenta, hayas mencionado algo que va en contra de sus valores o creencias. Esto es especialmente cierto si tú eres el que está hablando y ellos son los que están escuchando. Una vez más, sería bueno observar sus expresiones faciales y tono de voz para confirmar esto.
- **Permanecer en silencio durante largos períodos de tiempo durante las conversaciones:** Por lo general, cuando se infringen los valores o creencias de una persona, existe una fuerte tendencia a permanecer en silencio durante un período considerable de tiempo, a menudo sin contacto visual con el hablante. A veces, él o ella puede responder, pero sus respuestas suelen ser muy breves, lo que es un indicador indirecto para acortar la conversación, pero la mayoría de los oradores no notan este indicador sutil. Una buena forma de resolver este problema y comprobarlo es preguntar al oyente su punto de vista. Es posible que cedan y respondan positivamente a nuestro punto de vista, pero deberíamos poder saber si están totalmente de acuerdo con su lenguaje corporal.

Es importante tener en cuenta que, si bien una persona puede aceptar sus puntos de vista verbalmente, a menudo no puede ocultar sus verdaderos sentimientos de forma no verbal; por lo tanto, debes estar atento a cualquier cambio sin importar cuán sutil sea su tono de voz, contacto visual, expresiones faciales, gestos y otros aspectos del lenguaje corporal.

Debes tener en cuenta los valores o creencias de otras personas para comunicarte mejor con ellos. Sin embargo, esto no significa que debamos adherirnos totalmente a su punto de vista. Más bien, debemos dejar claro nuestro punto de vista, y en caso de que percibamos que algunos individuos no son receptivos a nuestros puntos de vista, debemos invitarlos de inmediato a expresar sus pensamientos sobre dichos temas. Las excelentes comunicaciones, interacciones y relaciones no ocurren porque estemos dispuestos a ser sumisos y cumplir con los puntos de vista de otras personas. Más bien, debemos dejar en claro nuestra posición y ser receptivos con los demás para que las comunicaciones, las interacciones y las relaciones puedan ser continuas y significativas. En otras palabras, las personas con inclinaciones analíticas tienden a estar de acuerdo en estar en desacuerdo con otras personas.

Creencias, actitudes y valores y su relación con las seis necesidades humanas básicas

Todas las personas poseen las mismas seis necesidades humanas básicas y el deseo de satisfacer cada una. Sin embargo, las creencias, actitudes y valores de cada persona son únicos y diferentes. Los dos grupos (creencias, actitudes, valores y las seis necesidades humanas básicas) se retroalimentan y, por lo tanto, influyen en la vida cotidiana de un individuo. Por lo tanto, la relación entre los dos grupos es una danza compleja que debe equilibrarse adecuada y positivamente en todo momento. Comprender la relación entre los dos grupos puede ayudarte a analizar a las personas. Por ejemplo, saber cómo las creencias, actitudes y valores de las personas afectan la forma en que se esfuerzan por satisfacer sus necesidades puede proporcionar información sobre su personalidad.

6

Lenguaje Corporal

El lenguaje corporal alude a todas y cada una de las maneras en que uno se presenta y se muestra, más allá de las palabras que expresa. Abarca el movimiento del cuerpo, las posturas y los gestos que luego caracterizan la comunicación no verbal de uno. Como es en su mayor parte obligatoria, la comunicación no verbal muestra atentamente las consideraciones y los sentimientos inalterados de uno, y esto puede ir muy lejos al representar la validez del mensaje que transmiten, el corazón del individuo y, por lo tanto, dar prueba de verdad o ausencia de ello considerando el nivel de consistencia entre los signos y el mensaje hablado. La comunicación no verbal sirve para subrayar o fortalecer los mensajes verbales donde gana la verdad, ir en contra de ella donde gana la falsedad, sustituirla cuando las indicaciones son más distintivas, y de esta forma incrementar su efecto al igual que resaltar o subrayar su importancia.

Lenguaje corporal de la cabeza

Bajar la cabeza

Bajar la cabeza para que la línea de la mandíbula cubra el cuello es una actividad protectora percibida contra los peligros para el cuello. Puede, asimismo, implicar amistad o pavor, considerando al otro individuo demasiado soberbio o sobrecogedor. Las damas pueden bajar la cabeza mientras tocan un brazo o un hombro para transmitir un mensaje burlón, como si percibieran el predominio del hombre, pero su objetivo también puede ser asegurarse de que el hombre no quite los ojos de ella. También se puede utilizar para mostrar insubordinación donde se percibe el poder o la fuerza de los demás; sin embargo, no se rinde ante la solidaridad del otro individuo. Simplemente no confían en ellos para ello.

Levantar la cabeza

Levantar la cabeza es a menudo una señal de curiosidad, ya que quieren mirar el punto de interés. Hecho rápidamente, levantar la cabeza puede ser una señal de una consulta como si uno preguntara qué quiere decir el otro con sus declaraciones. En cuanto a alguien que mira hacia arriba (al techo, etc.) y lo sostiene durante un rato, podría significar que está aburrido o un pensador visual que mira imágenes internas o que desvía la vista para concentrarse en un sonido.

Inclinar la cabeza

Inclinar la cabeza hacia un lado puede mostrar la ventaja de uno en lo que se dice o está ocurriendo actualmente. Desplazando la cabeza hacia alguien, puede ser una señal de burla. Cuando la cabeza de uno se mueve y se empuja hacia adelante, podría implicar su interés, vulnerabilidad o pregunta en consideración. En tal situación, el nivel de inclinación se relaciona con el grado de vulnerabilidad o fuerza con el que se planea enviar la señal. Una cabeza movida y echada hacia atrás puede ser una estrategia de protección cuando uno tiene dudas sobre algún peligro aparente. Una cabeza desplazada también puede ser un gesto de vulnerabilidad.

Oscilar la cabeza

Oscilar la cabeza implica mover la cabeza por todos lados o sacudirla hacia los lados. Asentir con la cabeza en muchas sociedades significa estar de acuerdo con lo que se dice y a menudo va acompañado de una sonrisa u otros signos de aprobación. Por otra parte, balancear la cabeza implica objeción o conflicto. El ritmo del balanceo es una impresión de la fuerza del sentimiento. Mientras habla, gesticular es el esfuerzo de uno para convencer a los demás de que estén de acuerdo con el mensaje que está transmitiendo. Gesticular al siguiente individuo mientras habla lo insta a continuar con su discurso. Un gesto breve y brusco puede tomarse por un cabezazo cuando se exige aceptación; sin embargo, el otro piensa firmemente lo contrario.

Cuando uno mismo sacude la cabeza mientras pronuncia su discurso muestra que ellos mismos no tienen fe en lo que están diciendo en primer lugar. En general, las personas de alto estatus mueven la cabeza con menos frecuencia, mientras que las personas de bajo estatus mueven la cabeza con más frecuencia.

Rotar la cabeza

Dar vuelta la cabeza prácticamente actúa como un rechazo hacia el otro. Girar la cabeza hacia un lado, mientras se mantiene en contacto con la otra persona, podría ser un esfuerzo por ajustar el oído hacia ellos para escucharlos mejor. Pero esto también puede ser desconcertante, ya que la otra persona tiene que mover los ojos en un intento de mantener contacto solo con el que está cerca. O, de nuevo, uno puede dar esta mirada tuerta como una demostración de fuerza o mostrar una afrenta.

Apuntar con la cabeza

Cuando se involucra con una persona en una conversación o actividad y sigue apuntando su rostro en dirección a otra cosa o persona, involuntariamente envía un mensaje de estar más interesado en esa otra persona o cosa que quedarse contigo en el momento. Los individuos giran y apuntan su rostro hacia la persona o cosa que es importante para ellos. Además, las personas menos sorprendentes generalmente se centrarán en la fuerza de las personas. En este sentido, es más sencillo saber quién lidera cualquier tipo de evento social. Sacudir la cabeza hacia el otro individuo sin verlo puede ser muy molesto y, con frecuencia, discreto. Uno hace esto cuando no necesita que el sujeto vea que la afrenta va dirigida hacia él.

Tocarse la cabeza

Tocarse la cabeza puede ser un indicio de inquietud o confusión con respecto a qué hacer de inmediato. Cuando uno se tapa los ojos, los oídos o la boca, siente que preferiría no ver, escuchar o decir nada en la situación actual. Tocar el costado de la nariz o acariciar la línea de la mandíbula muestra que uno está pensando, sopesando entre opciones o decisiones, o juzgando a las personas, dada la oportunidad que se les acaba de presentar durante la conversación.

Tocarse la cabeza puede descifrarse como autodisciplina, lo que significa la decepción de uno por una actividad o decisión que no hizo bien, y simplemente lo está recordando o reconociendo. Sin embargo, dependiendo de las circunstancias específicas y de cómo se haga, ¡este movimiento también puede implicar que otra persona cercana es estúpida! Apoyar la cabeza en los brazos podría inferir que uno está agotado o cansado. Es muy posible que se perciba que el cansancio cansa la cabeza. Este movimiento también proyecta que uno está pensando o evaluando cosas y está genuinamente presente en su mente.

Sin mover la cabeza

Cuando uno habla sin mover la cabeza, está demostrando que es serio en lo que dice y de lo que habla desde un punto de autoridad. Mantener la cabeza quieta en realidad les da la posición para observar a los demás con una mirada dominante. Las personas cuyas cabezas no se mueven cuando hablan adquieren, en consecuencia, un estatus superior sobre los demás. Finalmente, una cabeza inmóvil con ojos desenfocados es normal para alguien que está perdido en profundos pensamientos internos.

Lenguaje corporal de la boca

Una boca tranquila se reconoce en su mayor parte como una condición regular de descanso e indica una persona tranquila. En cualquier caso, numerosos movimientos diferentes pueden presentar diferentes emociones y respuestas distintas en el momento.

Labios entreabiertos

Los labios ligeramente separados, especialmente cuando se lamen mientras se mira a alguien durante el tiempo suficiente, pueden ser una señal de provocación. Sin embargo, separar los labios es el principal signo de la boca de que uno necesita hablar.

Labios fruncidos

Cuando los labios de uno están fruncidos y tirados hacia adentro, la persona podría sentir tensión y frustración o algún tipo de desaprobación. Los labios apretados podrían ser una indicación de desagrado. Además, dado que se ve que uno está apuñalando algo dentro, puede demostrar que está mintiendo, conteniéndose y guardando su reacción real para sí mismo. Esta señal también puede ser una presentación de alguien que está pensando y puede elegir entre opciones.

Labios fruncidos

Especialmente cada vez que se contacta con un dedo, los labios fruncidos muestran que uno tiene deseo.

Labios metidos

Cuando uno es reacio a ofrecer algo que cree que podría ser información terrible y no está seguro de qué sentimientos podría causar en los demás, se cree que tiene los labios metidos. Este movimiento también representa una situación en la que uno intenta callar el discurso cuando están obligados a engañar.

Labios planos

Los labios planos pueden ser una demostración de decepción cuando uno necesita hablar pero debe esperar a que los demás terminen. Cuando uno no quiere comer porque detesta la comida, suaviza sus labios. Esta también es una marca registrada cuando uno se abstiene de llorar, por lo tanto, nivela la boca con tristeza.

Labios levantados

Una boca levantada con un rostro espléndido y ojos brillantes son los que retratan una sonrisa comprobable. Una torcedura tensa de los labios sin mostrar los dientes puede ser una presentación absoluta de puro disgusto.

Labios hacia abajo

Los labios hacia abajo muestran lástima y decepción. Las personas que experimentan la miseria con tanta frecuencia hacen que sus labios acepten esta forma para su condición habitual de reposo, lo que puede ser algo deprimente.

Labios retraídos

Esto puede ser una señal de una amplia sonrisa o el comienzo de la animosidad.

Mover los labios

Cuando uno está en silencio pero sus labios se mueven en forma de palabras, uno podría estar pensando en decir las palabras. Morder concluye el desarrollo de la estructura de la boca por todas partes. Pero esto también puede decir que uno está nervioso si en realidad no está comiendo. Mover los labios uno contra el otro mientras se bajan las cejas connota vulnerabilidad o desaprobación.

Torcer los labios

Una torcedura es un desarrollo excepcionalmente rápido de la boca que de una u otra manera puede decir que una idea rápida acaba de pasar por la cabeza. Esto es una marca registrada en mentirosos secuenciales y pueden mostrar su propio pesimismo o desconfianza en sí mismos o en los demás

Labios saltones

Cuando uno se encuentra con una sensación de responsabilidad, su labio superior se estira sobre el de abajo que está siendo mordisqueado entre los dientes. Cuando el labio se estira demasiado, es una indicación de vulnerabilidad. Cuando las personas sienten que las cosas no les están yendo bien, probablemente a pesar de su trabajo, se deprimen y se ve que su labio inferior se extiende. Tocar sus labios en este estado con un dedo implica que están pensando en hablar, sin embargo, aún no están preparados.

Morder los labios

Un individuo que siente tensión, en su mayor parte, se muerde los labios sin cesar. Esto es válido para alguien que está bajo presión. Esto puede hacer que uno intente asfixiarse como para dejar de decir algo. Inesperadamente, morderse los labios puede ser consolador a medida que uno se aleja de los sentimientos incómodos, dependiendo de las circunstancias.

Lenguaje corporal de los ojos

Mirar arriba

Este movimiento es normal entre los genios visuales. Desvían los ojos para ver imágenes internas. Cuando uno mira hacia adentro y luego hacia un lado, intentan revisar un recuerdo. Mirar hacia un lado podría significar la creación inventiva de imágenes, presumiblemente construyendo mentiras. Este movimiento también podría significar que uno está agotado, por lo que buscan algo interesante.

Mirar abajo

Mirar hacia abajo a un individuo podría ser una muestra del poder y el territorio de uno sobre ellos. No obstante, el simple hecho de mirar hacia abajo y no al individuo puede significar acomodación, considerándolo un peligro o excesivamente radiante, o que se está detectando una sensación de responsabilidad en su interior. Mirando hacia abajo y luego a la izquierda, uno podría estar conversando consigo mismo mientras que mirando hacia abajo y luego a la derecha significa que podría estar ocupándose de sus emociones internas.

Mirar a los costados

Uno haría esto para abstenerse de ver lo que está delante o para concentrarse en algo diferente que llamó su atención. Una mirada rápida hacia un lado y luego hacia atrás podría significar que querían verificar la fuente de distracción por amenaza o interés, o simplemente se sintieron irritados por el comentario que acaba de hacer alguien. Cuando uno mira hacia los lados y luego pasa, puede estar tratando de examinar un sonido de memoria, mientras que uno que se acomoda a la derecha intenta visualizar el sonido. El desarrollo de los ojos de lado a lado indica engaño y mentira. Uno, de esta manera, está tratando de ver una salida útil o si la salida sería una buena idea para ellos si son descubiertos. Esta acción también es una marca registrada de personas conspirativas que, en ese momento, deben asegurarse de que nadie más los vea o escuche.

Contemplar

La gente mira cosas o personas que les gustan. Los posibles cómplices de amor continúan mirando a otros ojos en lugar de mantener la mirada. Para los lujuriosos, los ojos se deslizan por el cuerpo. Las miradas hacia arriba y hacia abajo implican que uno está tratando de medir al otro en busca de un posible peligro o cómplice sexual, con una demostración de predominio o desconsideración de los sentimientos del otro individuo. Mirar a la sien, mirar sin rumbo, o no mirar, significa que uno carece absolutamente de interés en el otro. Existe una mirada de poder que es típicamente corta y extrema que uno usa para forzar su voluntad sobre la otra persona sin agresión.

Las miradas cortas son una indicación de alguien que siente remordimiento por mentir. Por otra parte, entendiendo esto, una mirada sorprendentemente larga también puede ser que traten de ocultar su culpabilidad mientras buscan cualquier indicio de descubrimiento por parte de la otra persona.

Mirar de reojo

Una mirada a algo implica el deseo de uno por ello. El que mira la entrada necesita irse. Queriendo conversar con alguien, uno le echará un vistazo. Una mirada también puede mostrar preocupación por los sentimientos de otra persona. En sociedades donde mirar por mucho tiempo es un tabú, las miradas mostrarían el anhelo de uno de mirar al otro. Una mirada de soslayo con las cejas levantadas sería una muestra de aprecio por el otro. Con las cejas no levantadas, una mirada de soslayo implica insatisfacción para la otra persona.

Contacto visual

El contacto visual se utiliza para mostrar interés, amistad o predominio. La dulzura de los ojos, los músculos que los rodean se relajan, las pupilas chispeantes se expanden y un ligero desenfoque son un signo del anhelo sexual de uno por el otro individuo. Conectarse visualmente con un individuo significa reconocerlo y probablemente estar interesado en él. Romperlo implicaría que uno se siente ofendido, descubierto o socavado, o que simplemente consideró algo que le causó una angustia interior similar. Una mirada a otro lado combinada con la cabeza vacilantemente baja puede ser una acción de provocación sólida.

Una larga conexión cara a cara implica atención plena. Nosotros, en su mayor parte, mantenemos un largo contacto visual con las personas que nos gustan, y aquellos a quienes parece gustarles pueden responder con esta señal. Dado que el contacto visual prolongado sin entrecerrar los ojos puede ser una demostración de dominio, hostilidad y utilización de la fuerza, puede producirse una rivalidad de miradas cuando la otra persona hace que sus tripas trabajen. Quien se somete lo hace apartándose primero. Una conexión larga cara a cara que se mantiene habitualmente durante una discusión o discurso es a menudo una demostración de persuasión.

Mirar fijamente

Miramos a un grupo en el que tenemos un interés específico. A las personas de las que recientemente hemos recibido noticias inesperadas, las miramos con asombro y desconfianza. Una mirada corta, con los ojos bien abiertos y luego de vuelta a la normalidad, expresa sorpresa. Nuestros ojos normalmente siguen cosas que son imparciales o que tememos, solo para asegurarnos de que se conviertan en amenazas.

Entrecerrar los ojos

Esto sucede cuando uno siente que lo que se dice es simplemente falso e instintivamente se adentra en la valoración de las realidades. La vulnerabilidad con respecto a lo que está implícito también puede ser señalada. Los mentirosos entrecierran los ojos, tratando de ocultar su distracción. Cuando uno considera algo pero no tiene ningún deseo de imaginarlo en su cerebro, entrecierra los ojos.

Parpadear, frotar y cerrar los ojos

Parpadear con la mayor frecuencia posible significa que uno está pensando más o que está trabajando en un intento de inventar mentiras. Asombrados por la consternación de lo que uno está viendo, podrían parpadear arbitraria y rápidamente.

Una persona que parpadea rápidamente, cierra los ojos o los frota rápidamente podría ser una señal de que no quiere ver lo que está frente a ellos, o que está tratando de ocultar algo. La sensación de polizón podría estar fundada en la forma en que el mundo se traba fuera de los ojos o en que al restregar los ojos, las manos se convierten en un estorbo entre ellas y el mundo. Cuando participas en una discusión o das un discurso, cerrar los ojos puede servirte para descartar la conexión cara a cara y negar o pasar por alto las demandas de los demás. Los eruditos visuales frecuentemente cierran los ojos para ver mejor las imágenes internas.

Pupila

La dilatación de la pupila es una reacción al deseo de participar en una acción sexual o experiencia energizante. Una pupila contraída también podría implicar que el cerebro está sobrecargado y fatigado.

Lenguaje corporal del torso

El torso contiene el cuello, los hombros, el pecho, la espalda, la barriga, el trasero y las caderas, estableciendo el compartimiento de almacenamiento del cuerpo y facilitando la mayoría de los órganos cruciales del cuerpo.

El cuello

Sostenido directamente por encima de los hombros, un cuello adaptable representa que uno se siente seguro de sí mismo y comprende su sentimiento de liderazgo. Bajar el cuello podría implicar que uno se siente insignificante o tembloroso o teme por un peligro esperado. Girar el cuello puede significar dar o eliminar consideración o que uno puede estar exhausto o tenso. Frotar el cuello suele ser una demostración para facilitar la presión o la ansiedad.

Los hombros

Los hombros, en su estado plano de reposo, son la demostración de un individuo despreocupado, seguro de sí mismo y tranquilo con la situación. Los hombros levantados podrían implicar que uno siente presión, inquietud o temor, o que está tratando de proteger el cuello de un peligro aparente. Si bien inclinarlos hacia adelante podría ser una postura protectora, empujarlos hacia atrás es un método para mostrar audacia y exhibir poder.

Una ausencia de información o comprensión o vulnerabilidad puede concluir con un encogimiento de hombros. Cuando las palabras los revelan, los mentirosos deciden encogerse de hombros en lugar de hablar. Sin embargo, esta misma señal podría mostrarse cuando uno se siente molesto, decepcionado o agresivo.

El pecho

Las mujeres sacan el pecho a los hombres como un escaparate provocativo para ellos. Los hombres se lo hacen a otros hombres para demostrar que son más poderosos y a las damas para demostrar que pueden mantenerlas a salvo. Retirarlo es un preliminar para garantizar la seguridad, pero también es una forma de decir que son inocuos en todo lo que dicen o hacen. Esto nunca debe confundirse con sumisión.

Inclinar el pecho hacia adelante puede significar interés en lo que está pasando. Alternativamente, uno también puede hacer esto para atacar el propio espacio del otro para afirmar su dominio. El desarrollo torácico involuntario es un elemento de relajación. Las personas inquietas inhalan más rápido. Las personas tensas generalmente respiran brevemente. Cuando uno detiene su respiración, está en un suspenso confiado.

La barriga

En circunstancias sinceras, los estómagos planos son en su mayor parte atractivos. Cuando los vientres son redondos, los músculos del estómago se pueden configurar para resaltar el aspecto. Cuando uno está bajo presión, se frota regularmente el estómago. Cubrirse con las manos podría significar que uno siente el temor de un asalto y está asumiendo una posición de protección.

La espalda

Cuando uno muestra rechazo, primero desvía la mirada, luego gira la cabeza, gira el torso, y luego gira todo el cuerpo en ángulo y finalmente completa todo el giro, mostrando la espalda a la otra parte. Cada uno de los giros implica el grado de rechazo que uno está ofreciendo.

Lenguaje corporal y la postura

Las posturas del cuerpo generalmente se agrupan en abiertas o cerradas. Una postura cerrada se establece con los brazos colapsados, las piernas cruzadas y un ligero cálculo por parte del otro individuo, y con frecuencia sugiere que uno se siente angustiado por estar cerca del otro o que simplemente no está interesado en él. Una postura abierta, por otra parte, incluye brazos y piernas abiertos y confrontar a la otra parte directamente. Implica que uno está disponible e inspirado por el otro individuo y está preparado para sintonizar durante la conversación.

Lenguaje corporal de los brazos

Los brazos relajados revelan que uno también está relajado y tranquilo consigo mismo y con su entorno. Uno puede, sin embargo, hacer crecer sus brazos para que se vean más grandes y ensanchar su espacio lateral con agresividad. Levantar los brazos podría significar que se siente insatisfecho, y encogerse de hombros podría significar desorden. Cruzar los brazos podría indicar la impresión de una posible travesura externa. También puede significar tensión por falta de confianza, angustia interior o sentimiento de debilidad. Esta señal también puede ser consoladora, mostrando una ausencia de miedo. Mientras que los brazos abiertos representan una sensación de consuelo y confianza, los brazos guardados pueden implicar que uno tiene una intención encubierta.

Lenguaje corporal de las piernas y los pies

La anchura de los hombros con piernas abiertas muestra una postura casual. Significa que uno está conectado a tierra y seguro. Una posición más amplia descubre la propia demostración de fuerza y predominio. La inquietud o el escalofrío se representan con las piernas cerradas o cruzadas. Al señalar un camino específico, un individuo implica que uno necesita ir allí en lugar de quedarse donde está. En consecuencia, probar la cordura de uno mostraría una falta de compromiso con el movimiento actual. Las personas que caminan más rápido necesitan terminar las cosas, mientras que los más lentos pueden ser perezosos.

Observar el lenguaje corporal

Si bien todos pueden notar y comprender las señales corporales articuladas, con un poco más de esfuerzo, uno puede comenzar a intentar desarrollar aún más esta habilidad.

1. Ser perceptivo
   1. Buscar movimientos discretos que muchos pasan por alto.
   2. Aprender los signos y recordar sus significados.
   3. Observarlos en la vida real para acumular muchas pistas.

4. Analizar de manera efectiva para descubrir la realidad.
2. Detectar mentiras
1. Estar atento a la desarticulación señalando las indicaciones que no concuerdan con lo que se dice.

Esto alude a la capacidad de uno para juzgar con precisión a los demás utilizando sus sentimientos iniciales sobre ellos. La lectura de la comunicación no verbal, en general, ocurre de manera subliminal, por lo que las personas a menudo son incapaces de aclarar cómo llegan a su resultado final sobre los demás. Con una preparación específica, uno puede descubrir cómo evaluar intencionalmente las características materiales y, al final, descifrar los caracteres de las personas. En este sentido, uno puede dar detalles de cómo se llegaron a las conclusiones sobre las otras personas.

7
Analizando Personas con PNL

Mientras que leer los pensamientos de un individuo (telepatía) parece ser un talento raro, estudiar los pensamientos de otra persona puede ser aprendido y mejorado significativamente con el tiempo por cualquiera que desarrolle el deseo de hacerlo. Saber leer la mente y las ideas de las personas empieza por uno mismo. Es fundamental comprender que mezclarse con los miembros de la sociedad es una excelente táctica. Además, establecer una fuerte intuición interna sobre lo que es importante para la persona que estás analizando podría ayudarte a mantenerte un paso por delante de sus ideas cada vez que te pongas en contacto con ellos.

Esta estrategia va más allá del uso de mucha energía o tiempo dedicado a leer los pensamientos de alguien, lo que minimiza las dificultades y el tiempo necesario para saber lo que piensa un individuo, ya que el lector de mentes estará familiarizado con cómo se comporta y actúa una persona en particular cuando se encuentra con una determinada área. Analizar a las personas es sin duda sencillo, suponiendo que puedas encontrar y comprender sus mentalidades hacia la vida y sus otras acciones cotidianas. Las personas de aprendizaje rápido tienen una oportunidad más notable de prevalecer en lo que sea que puedan buscar, incluidas las ocupaciones y los negocios.

Significa que si el lector de la mente aprende cuán sensible es su individuo, el análisis de sus pensamientos se vuelve más simple dado que su razonamiento está indisolublemente relacionado con su visión de la vida, así como con las acciones que desea realizar con el tiempo. Sin embargo, si bien las personas muy observadoras tienen más posibilidades de éxito en la vida, también dependen unos de otros para ayudarlos a lograr sus objetivos al ganarse la confianza y la amistad de los demás para facilitar sus tareas. En particular, las personas sabias son bendecidas con un cociente emocional más alto. Esta característica presenta un desafío para los lectores de mentes para analizar sus pensamientos porque pueden detectar el comportamiento dinámico del lector de mentes y transmitirlo a sus intenciones, ocultando así sus verdaderas creencias.

Por lo tanto, los lectores de la mente deben tener cuidado al analizar a los posibles individuos para evitar ser arrojados con pensamientos falsos. Todo el mundo emite señales incrustadas en sus opiniones todo el tiempo. Solo una persona experimentada puede decodificar esas señales en un mensaje significativo, es decir, comprender esos puntos de vista. Vale la pena señalar que descifrar estos indicadores puede evitar que las personas se involucren en conductas potencialmente disruptivas. Por ejemplo, si un analizador mental detecta la ira de la persona cuya mente ha estado tratando de leer, podría aconsejarle que se aleje un poco de la persona o que cambie el tema de conversación. Hay cinco estrategias principales para leer la mente de otras personas, que son las siguientes:

Comienza con las diferencias generacionales

No todos nacieron en la misma generación; como resultado, las personas piensan de manera diferente, dependiendo de la edad en que nacieron. Las brechas o diferencias generacionales brindan una lente más amplia a través de la cual uno ve la vida, atribuyéndole así un valor y significado únicos. Para facilitar el examen de sus emociones, los lectores de mentes deben determinar el grupo al que pertenece su sujeto.

Por ejemplo, los jóvenes de veinte a treinta años pueden ser identificados por su uso de las innovaciones tecnológicas y cómo se exponen a través de plataformas basadas en Internet como Facebook, Snapchat, Twitter e Instagram, y no por obtener WhatsApp. Las personas de esta edad no le dan mucha importancia a las discusiones cercanas y personales porque ven que es más rápido y más eficiente hablar con personas de todo el mundo a través de la tecnología informática. A fin de cuentas, los telépatas deben seguir a esta categoría de personas desde sus plataformas de medios en línea para que puedan comprenderlos de manera eficiente.

Al mismo tiempo, los boomers (la categoría de la tercera edad) creen en los enfoques verbales cara a cara. En este caso, los lectores de mentes deben entender que este grupo de personas rara vez piensa en tecnología. No obstante, el conocimiento sobre la generación de una persona juega un papel vital en la concepción del mejor ángulo para leer su mente. Pueden emplear prácticas comerciales apropiadas si conocen y comprenden la edad a la que pertenecen sus posibles patrocinadores.

Para los adolescentes, no hay necesidad de viajar hasta ellos, ya que pueden realizar una presentación a través de Internet.

Mientras tanto, los ancianos quieren ser abordados cara a cara. Los lectores de la mente deben tener en cuenta que los baby boomers son tradicionalistas que prefieren hacer las cosas exactamente como siempre las han hecho. Como consecuencia, en realidad no se modifican con los tiempos, lo que hace posible que los lectores de la mente anticipen rápidamente sus emociones.

Reconoce botones rojos

Analizar a las personas puede resultar muy desafiante. En cuyo caso, un lector de mentes tiene que identificar áreas de dolor haciendo preguntas estratégicas para eliminar respuestas visibles específicas que el analizador podría usar como base para decir lo que podrían estar pensando. Específicamente, formar una conexión profunda es el paso inicial para determinar las regiones que pueden impulsar a una persona a expresar sus pensamientos y comprender lo que es esencial para ella. Reconocer qué desencadena los sentimientos y las perspectivas sobre el nivel de comodidad de uno también es esencial para determinar los botones rojos.

Para obtener esto, se debe tener un oído especial y una boca pequeña, lo que implica que se debe escuchar aún más y hablar menos. Escuchar atentamente es la razón más importante para pronosticar los pensamientos de alguien; un individuo que habla mucho presta poca atención a la otra persona que pretende evaluar. Algunos investigadores recomiendan hacer declaraciones abiertas, que permitan a las personas expresar sus fortalezas y debilidades relativas. Siempre que se les presenten consultas abiertas, las personas también pueden revelar sus propias historias. Esto proporciona a los lectores de mentes una imagen más completa de las experiencias de vida de esa persona. Además, estas historias ayudan a los analizadores mentales a comprender y relacionar la experiencia de uno con la de otro, lo que implica que estas personas pueden tener sentimientos similares cuando se enfrentan a las mismas circunstancias.

Comprobar personalidades

Las personalidades de diferentes personas podrían ayudar a determinar qué tipo de individuo son, particularmente cuando se concentran en sus características personales distintivas. Estas características también ayudan a determinar lo que un individuo considera importante para él, así como también cómo reacciona cuando piensa en tales temas. Esto requiere un nivel más profundo de estudio por parte de los lectores de mentes mientras interactúan con las personas, así como el uso de un enfoque calculado. Una técnica estratégica ayuda en la visualización de las ideas de una persona. Descubrir los pensamientos de alguien implica ver sus sentimientos más profundos y responder de una manera que no los irrite.

Más importante aún, esto crea un espacio donde un lector de mentes no puede perder a un individuo en un diálogo cambiando a su pensamiento reconocido. Sin embargo, al analizar las características de las cualidades y la verborrea de una persona, los analistas mentales pueden buscar indicadores que los describan. Las personas que quieren estar a cargo de todo, por ejemplo, tendrán un apretón de manos más fuerte que las personalidades no dominantes. Además, alguien que entiende y disfruta del sarcasmo no dudaría en usarlo en cada oportunidad de comunicación que tenga. Como resultado, las personas telepáticas pueden usar las creencias de otras personas para determinar la mejor estrategia para analizar sus pensamientos porque exponen lo que ese individuo piensa sobre la mayor parte de su tiempo.

Debes estar atento a las señales de comunicación no verbal

Examinar la comunicación verbal y no verbal de una persona es parte de la lectura de sus intenciones. Al evaluar a las personas, la mayoría de los lectores de la mente pasan por alto las señales no verbales, aunque son una parte importante para determinar lo que otra persona está pensando. Además, las personas transmiten sus ideas ocultas mediante demostraciones no verbales, especialmente el lenguaje corporal. Cuando alguien retrocede, mira hacia otro lado y frunce el ceño, sugiere que no se siente cómodo con el tema de conversación o con lo que estás diciendo. Cuando alguien se inclina, indica que está concentrado y es posible que no esté prestando atención a los demás en ese momento. Sin lugar a dudas, desarrollar un oído superior para concentrarse y detectar pequeñas señales de audio es fundamental para determinar lo que está pensando la otra persona. El volumen de la voz de un individuo también podría usarse para deducir los pensamientos del otro individuo.

Por ejemplo, si alguien responde las preguntas en un tono monótono, implica que está desapegado. Si alguien te mira fijamente, significa que está interesado y ve el valor de lo que dices. Esto puede deberse a que las personas han tenido algunos encuentros con este tema, ya sea positivo o negativo, pero ahora quieren aprender más para poder manejar tales situaciones con conocimiento. Para resumir, los humanos usan señales no verbales para transmitir millones de palabras; por lo tanto, practicar el análisis e interpretación de esas señales te ayudará a convertirte en un lector de mentes competente.

Sé un buen oyente

Para lograr una comunicación eficiente, cada individuo debe comunicarse uno a la vez, de acuerdo con estrategias efectivas de comunicación. Hablar fuera de turno da como resultado que no haya diálogo y una pérdida de tiempo porque ninguno de los participantes está escuchando. En consecuencia, los lectores de la mente deben ser grandes oyentes para poder inferir correctamente lo que sea que su sujeto esté contemplando. Los psiquiatras, por ejemplo, pueden detectar todos los signos de sus pacientes si escuchan con atención. Este tipo de ejercicio también ayuda a observar las señales no verbales del individuo que están analizando.

Los lectores de la mente podrían luego correlacionar las señales no verbales con las verbales para adivinar con precisión sus pensamientos. Sin embargo, es importante saber que si la interacción es solo a través del teléfono celular, este enfoque puede ser difícil ya que el lector de mentes perdería las señales no verbales. En ese caso, deben adivinar en función de cómo suena el individuo y el tono de su voz. Por un lado, los modales ruidosos y agresivos sugieren que el individuo está furioso, molesto, agitado, aterrorizado o ansioso; por otro lado, una voz suave y clara sugiere que la persona está interesada en lo que tienes que decir.

Palabras Finales - Cómo Analizar a Las Personas

Entonces, ahí lo tenemos, ¡hemos llegado al final de este libro! Estoy feliz de que hayas llegado hasta aquí, y espero que hayas encontrado útil toda la información aquí indicada para tu vida diaria. La práctica hace al maestro, así que toma todo lo que has aprendido y aplícalo. Incluso si te sientes extraño o inusual al principio, la experiencia te llevará a lugares y te ayudará a desarrollar tu confianza, lo que te permitirá comunicarte de manera más efectiva en los momentos más importantes. Puedes fomentar relaciones tan hermosas y significativas con cualquier persona en tu vida si puedes comunicarte correctamente, lo que significa escuchar y hablar con propósito y precisión.

Entiendo que hay mucho que asimilar y mucha información que aprender, pero no te preocupes. Incluso si las cosas son un poco confusas, incluso en esta etapa, se supone que debe serlo. Los humanos no somos criaturas simples, y nuestras mentes son infinitamente complejas. Nunca vas a entender todo, ni necesitas hacerlo. El hecho es que comprender a las personas es un proceso de por vida, por lo que encontrarás la necesidad de evaluar constantemente tus líneas de base a medida que avanzas. Hay una cosa que quiero que recuerdes cuando uses este libro: solo tienes control sobre tus propios valores, acciones y reacciones. No importa qué si quieres forjar lazos con alguien, no puedes obligar a las personas a quererte si sus valores son intrínsecamente diferentes a los tuyos. Ten en cuenta que la conexión se basa en similitudes, y no tiene sentido conectarse con alguien cuando no tienen cosas en común. Recuerda, tú importas primero. Tus principios son especiales para ti, por lo que no debes permitir que otras personas elijan tus valores.

Analizar a las personas es esencial porque las personas interactúan por diferentes razones. Se comunican y se comportan de maneras específicas para propósitos que pueden no ser evidentes. Los patrones de comunicación y comportamiento también pueden revelar u ocultar mentalidades y perspectivas más profundas que transmiten el mensaje real de la comunicación. Por esa razón, las personas necesitan aprender a desvelar los patrones mentales más profundos que están ocultos y asignarles un significado. Esto es necesario para obtener la mejor comprensión de las personas, los fenómenos y las acciones de los demás.

Ahora ya sabes cómo leer a la gente como un libro. Tu vida será mucho más fácil ahora que has aprendido la habilidad de leer a otras personas. Mejorarás en la lectura de personas, lo que desarrolla empatía. Puedes averiguar cómo se sienten los demás y responder en consecuencia. Tu sensibilidad te hará un amante, padre, amigo y miembro de la familia más receptivo y amado.

También puedes protegerte mejor de los daños y de las personas con malas intenciones. Si puedes leer a la gente, puedes encontrar gente que no te hará ningún bien. Antes de ir demasiado lejos en una relación con alguien que está causando daño, puedes comprender lo que está en juego y evitar más lesiones. Cuando se trata de elegir un buen amigo o amante, ahora es el momento de seleccionar a las personas adecuadas para tu vida. Puedes identificar a aquellos que realmente se preocupan por ti. Puedes elegir amantes y amigos con buenos antecedentes. Ahora, todos estos aspectos positivos te pertenecen.

Introducción - Lenguaje Corporal

Podemos dominar el 'lenguaje' oculto y frecuentemente mal entendido del cuerpo, con sus respuestas automáticas, emociones de nanosegundos y contracciones nerviosas que son legibles, queramos compartirlas o no. La mayoría de las personas no son conscientes de sus propias acciones cuando conversan con otra persona. No sólo son culpables de reacciones como poner los ojos en blanco cuando se enfrentan a la incredulidad, sino también de mirar al cielo cuando imaginan y de enrojecer las mejillas cuando son halagados. Percibir estos grados sutiles de interpretación se extiende más allá de nuestras palabras y, con frecuencia, es contraria a la intuición de lo que nuestra contraparte intenta comunicar. Comprender estos detalles requiere no solo sentir lo que otra persona realmente quiere decir (tu intuición), sino también darse cuenta de la intención de su mente (proyección), incluso cuando sus palabras indiquen lo contrario.

La capacidad de evaluar correctamente a las personas tendrá un impacto significativo en tu vida social, personal y profesional. Cuando comprendes cómo se siente realmente otra persona, puedes ajustar tu mensaje y estilo de comunicación para garantizar que se entregue de la manera más efectiva posible. No es difícil aprender estas habilidades. Reconocer cómo se siente una persona no requiere ninguna habilidad especial o memorización de acciones y reacciones. Se basa principalmente en abrir tus sentidos a los sentimientos, el tono y las señales corporales cotidianas. A medida que comienzas a investigar métodos para saber cómo se siente alguien, incluso si no te lo expresa directamente, puedes descubrir una emoción inquietante.

Y podrías estar justificado al pensar que no es ético.

Pero considera el uso de tu conocimiento, y medítalo con decencia:

- ¿Lo usarás para abusar de esta persona?
- ¿Lo utilizarás para socavar su progreso?
- ¿Lo utilizarás para atentar en contra de sus deseos para hacer de su vida miserable?

¡De ninguna manera!

Porque con suerte, no eres una persona despiadada y engañosa.

Pero lo más importante, este conocimiento no es tan poderoso. Saber cómo entender a otra persona, muy a menudo, es algo natural para un pequeño porcentaje de humanos en la actualidad. Han llegado naturalmente al nivel de percepción que nos fue dado al nacer hace muchos eones. Básicamente, estás volviendo a aprender una habilidad que usaste y perfeccionaste hace mucho tiempo. Cuando comenzamos a emitir sonidos para situaciones específicas, nuestra capacidad para comprender las señas y señales corporales se desvaneció gradualmente, simplemente porque teníamos una forma de comunicarnos mejor y más confiable. Años de adormecer nuestros sentidos al lenguaje no hablado, a medida que aumentaba nuestra comunicación verbal, nuestro lenguaje natural prácticamente desapareció debido a la falta de necesidad y uso. Sin embargo, todo eso está a punto de cambiar para ti.

Este libro primero te presentará las acciones, los matices y las señales que han existido a lo largo de la historia. Después de eso, aprenderás cómo mejorar tu comprensión de los métodos del lenguaje corporal. Al observar e interpretar el lenguaje corporal de una persona, puedes determinar inequívocamente lo que siente y las emociones asociadas con sus palabras. Luego, comenzarás a conectar los signos porque muchos de ellos se pueden interpretar de varias maneras. Si alguien levanta la comisura de la boca, puede indicar que duda en creer lo que se dijo, duda de sus propias habilidades o simplemente está decepcionado con las acciones de los demás. Cuando esta señal se combina con poner los ojos en blanco, tienes más información para determinar la verdadera emoción de la persona. Cuantas más pistas incluyas en la lectura, más precisa será tu interpretación. Al incorporar signos adicionales, obtienes más información, lo que contribuye a una interpretación más precisa de su lenguaje corporal.

También verás cómo estos métodos deben practicarse regularmente para dominar la técnica y avanzar en la comprensión con una forma de percepción natural y no obvia. Los métodos que se enseñan en este libro facilitan la práctica y, antes de que te des cuenta, habrás dominado el lenguaje corporal con poco esfuerzo. En realidad, leer el lenguaje corporal es una excelente habilidad de comunicación. Cuando domines la apreciación de la comunicación, tus mundos se volverán más grandes y variados, creando una vida más abundante y vibrante para ti y tu comunicación. Además, prepárate para que la gente te hable más porque no solo los estarás escuchando. No entenderán por qué, pero debido a que respondes bien a su conversación, elevarán tu intelecto a un nivel superior y siempre disfrutarán tener una conversación contigo.

Como probablemente ya sepas, la mayoría de las personas no escuchan, y mucho menos llevan la interpretación de su colega al siguiente nivel.

8
Comprender el Lenguaje Corporal

El lenguaje corporal es un aspecto importante de las comunicaciones y las relaciones modernas. Desde nuestras propias expresiones faciales hasta los movimientos que realiza nuestro cuerpo, las cosas que no se dicen pueden transmitir mucha información. Los expertos dicen que el lenguaje corporal puede representar entre el 60% y el 65% de toda la comunicación. Aprender y comprender el lenguaje corporal es importante, pero también es importante que tengas en cuenta otras pistas como el contexto y las circunstancias. En la mayoría de los casos, debes intentar ver las señales como un todo en lugar de concentrarte en una sola acción.

Comprender cómo funciona el lenguaje corporal implica aprender a interpretar diferentes señales para respaldar o indicar una conclusión específica. El lenguaje corporal es un concepto tan poderoso. Hemos aprendido que el lenguaje corporal es más que breves descripciones. Abarca dónde está el cuerpo en relación con los otros cuerpos (esto se conoce como "espacio personal"). El lenguaje corporal se compone de diferentes movimientos corporales, como movimientos oculares y expresiones faciales. Además, el lenguaje corporal también abarca todo lo que comunicamos usando nuestro cuerpo además de las palabras habladas, abarcando así la respiración, la presión arterial, el pulso, los sonrojos, la transpiración, etc. Por lo tanto, el lenguaje corporal se puede definir como la transmisión e interpretación inconsciente y consciente de nuestros sentimientos, nuestros estados de ánimo y actitudes, a través de:

- Postura, movimiento, posición, estado físico y relación con otros cuerpos u objetos.
- Expresiones faciales y movimientos de los ojos.

¿Qué No es el lenguaje corporal?

El lenguaje corporal, al igual que curar a las personas, no produce los mismos resultados. No existen reglas estrictas para determinar las expectativas implícitas o la agenda oculta de otra persona en una situación determinada. De hecho, incluso los investigadores que fueron entrenados para leer a las personas como un libro cometen errores, especialmente cuando observan a alguien que tiene la habilidad de controlar una gran parte de su comportamiento físico. Te sentirás decepcionado si esperas utilizar tu habilidad para leer las claves y señales proporcionadas por el cuerpo para llegar a conclusiones precisas y decisivas. Sin embargo, como aprenderás usando estas técnicas y practicando tus observaciones, la combinación de los signos puede brindarte una clara ventaja para comprender los pensamientos de tus compañeros.

Comprender el lenguaje corporal

El lenguaje corporal es un lenguaje que incluye todo. En general, usamos el lenguaje corporal para la correspondencia no verbal con los demás. La capacidad de comprender la comunicación no verbal es una de las habilidades más importantes que puedes tener para atraer a los demás. En el momento en que entiendes lo que te están revelando, la comunicación se llevará a lugares de mayor comprensión. Puedes hacer que las personas se sientan tranquilas por lo que te encuentras listo para desarrollar la compatibilidad con el otro. Estas cosas son increíblemente útiles para ti porque a las personas les gusta entablar relaciones personales y profesionales con las personas que les gustan.

La principal preocupación: cuanto más comprendas las contemplaciones, los sentimientos y las necesidades de otras personas, más podrás devolverles lo que necesitan obtener de ti. Cuanto más puedas identificarte con ellos, más afable te volverás. Cuanto más afable te vuelves, más puedes conseguir lo que quieres. Comprender la comunicación no verbal no es realmente problemático una vez que conoces los rudimentos. Sin embargo, es similar a aprender otro dialecto, ya que te das cuenta de lo que significan varias señas y señales.

La comprensión de la comunicación no verbal se utiliza en una amplia gama de situaciones. A los policías generalmente se les da algún entrenamiento en la comprensión de la comunicación no verbal porque es útil cuando interrogan a un sospechoso o conversan con un testigo. Sin duda, el oficial de policía puede determinar si la otra persona está diciendo la verdad o no al observar la comunicación no verbal. Comprender la comunicación no verbal es fundamental en lo que respecta a la vocación escolar. Particularmente con los niños, los maestros deben tener una comprensión de la comunicación no verbal. En general, los niños no están completamente capacitados para comunicar sus sentimientos utilizando su jerga. Por lo tanto, los maestros deben tener una comprensión básica de la comunicación no verbal para dominar perfectamente lo que sus alumnos intentan comunicar.

Comprender la comunicación no verbal es importante cuando se trata de dar órdenes o pasar mensajes. Si las personas con las que trabajas o interactúas entienden el lenguaje corporal, te resultará mucho más fácil comunicarte con ellas. Además, la combinación correcta de comunicación no verbal y verbal puede resultar en una comunicación más convincente. Comprender la comunicación no verbal, en su mayor parte, ayuda a un individuo a representar su carácter. Puedes ser consciente de las personas en tu vida con las que nunca has tenido una conversación, pero puedes aprender cómo funcionan al observar su comunicación no verbal.

Este es ese presentimiento que tienes cuando te das cuenta de que alguien se siente terrible o en un estado mental positivo. Lo sientes de una forma u otra sin que ellos digan una palabra. Pero, es por la realidad misma que a partir de ahora tu mente comprende y descifra la comunicación no verbal. Además, tu mente te envía los datos que conoce a través de los sentimientos que tienes sobre otra persona. No sabes por qué sientes lo que sientes por ellos. Sin embargo, hay algo en ellos que te inquieta.

¿Cómo leer el lenguaje corporal?

El lenguaje corporal es uno de los principales medios por los cuales percibimos y reconocemos los verdaderos sentimientos de otra persona. Aprender a participar en la comunicación no verbal te ayudará a obtener una idea de lo que dicen los demás. Desafortunadamente, no todos nacen con la capacidad de articular completamente sus pensamientos. Particularmente hoy en día, con todos los métodos avanzados de comunicación a través de mensajes y otras aplicaciones, las personas se han vuelto cada vez más distantes y, para decirlo sin rodeos, no siempre son completamente honestas.

Aprender a recibir indicaciones te brinda una herramienta adicional que será útil en la mayoría de las ocasiones.

Al descubrir cómo buscar la comunicación no verbal, la percepción es la clave. Centrarse en lo que otros dicen verbalmente no es suficiente en todos los casos porque nuestras capacidades lingüísticas son tan grandes que una persona puede decir algo y significar algo diferente. Las personas pueden tender a utilizar un lenguaje excepcionalmente ambiguo al articular sus pensamientos. A medida que descubras cómo notar atentamente lo que se dice y cómo se dice, estás fomentando la capacidad fundamental necesaria para leer de manera fructífera el lenguaje corporal. Otras señales no verbales, como las expresiones faciales y el tono de voz, también son muy importantes para aprender a leer el lenguaje corporal. Notar las miradas es quizás la parte más sencilla, en lo que respecta a descubrir cómo buscar la comunicación no verbal. Sin embargo, es excepcionalmente normal que las personas intenten ocultar la realidad.

Esta misma demostración de tratar de cubrir cómo se sienten podría dar a un espectador cercano la idea de cómo se siente realmente ese individuo sobre el tema del que está hablando. Lo has hecho sin la ayuda de nadie más. Has intentado sonreír cuando realmente te sentías triste. Todos hemos tenido la culpa de intentar cambiar la apariencia de nuestro semblante. En la actualidad querrás seguir con esto cuando otros lo estén haciendo. Además, también sabrás qué otros signos reales observar para saber qué sucede dentro del cerebro del otro. Lo creas o no, descubrir cómo leer detenidamente la comunicación no verbal es más preciso que las máquinas, que por lo general fallan cuando se trata de percibir las emociones humanas.

Por lo tanto, otra persona podría fomentar la capacidad de buscar la comunicación no verbal que funcionará como una habilidad útil en muchas situaciones. En tu búsqueda de comunicación no verbal, descubrirás cómo concentrarte en los movimientos oculares. Te darás cuenta de lo que es una postura cautelosa frente a una que está abierta. Tendrás la opción de saber cuándo alguien te está evaluando o intentando abrumarte. También conocerás mucho mejor tus propias posturas y miradas. Entonces, podrás enviar el mensaje correcto.

Aunque el lenguaje del cuerpo funciona como regla general, no todas las personas que se cruzan de brazos están cerradas a los demás. En algunos casos, simplemente implica que tienen frío. O por otro lado, podría implicar que están ansiosos y no están disponibles para las demás personas. Una de las formas más efectivas de tener a un individuo en tu mente, que es una estrategia de alto nivel, es demostrando primero tus posturas... hacer que sean compatibles contigo, y cuando te des cuenta de que estás en un estado de armonía, puedes guiarlos cambiando tu apariencia o pose corporal. Las personas cambian sus cerebros cuando cambian su fisiología.

Mientras observas la situación, fíjate hacia dónde se dirigen tus ojos... fíjate hacia dónde se dirige tu cabeza. En este momento... haz algo contrario a eso... por ejemplo, en caso de que estuvieras mirando hacia abajo cuando te sentiste horrible, que es lo que es típico para la gran mayoría, mira hacia arriba... en este momento mientras estás mirando hacia arriba... haz un intento tan decente como puedas de sentirte horrible. No puedes hacerlo, ¿verdad? Podría hablar más sobre esto. Sin embargo, nunca entenderíamos la comunicación no verbal. Tener esta habilidad simplificará tu vida y te ayudará a comprender a las personas que te rodean.

Leer el lenguaje corporal

Hay dos formas en las que puedes usar el lenguaje corporal para mejorar tu interacción cara a cara. -

- Estudiando el lenguaje corporal de la persona
- Regulando tu propio lenguaje corporal inicialmente y cómo responder

Al comprender lo que otros te dicen con su comunicación no verbal y tomar el control de las pistas que recibes, puedes mejorar diez veces la confiabilidad de tus respuestas comunicativas. Las acciones y reacciones de nuestros cuerpos hablan más que las palabras. Se trata de saber qué buscar en la situación o circunstancia que estás manejando.

9
Lenguaje Corporal y Mentalidad

Con las diferentes culturas, costumbres, tradiciones y regiones vienen las diferencias en los gestos y el lenguaje corporal. No puedes esperar que otras culturas adopten tus costumbres. Es posible que no estés dispuesto a adoptar las suyas. Este hecho determinará cómo te relacionas con otras personas de una cultura diferente a la tuya. ¿Comprometerías tu cultura u obligarías a otros a aceptar la tuya? Puede ser difícil entender un idioma extranjero, pero las señales (como el lenguaje corporal y los gestos) son poderosos comunicadores. A veces, es posible que las personas no entiendan lo que dice la otra persona, pero cuando se trata de la comunicación no verbal, comprenderlos puede ser más fácil.

La gente debería aprender a ser más sensible, más observadora y más consciente de las señales, gestos y acciones que suceden todos los días. El respeto es un aspecto importante para establecer una relación con alguien que tiene una cultura diferente a la tuya. Las personas deben estar dispuestas a aprender, comprender y respetar la cultura y las tradiciones de los demás. Algunos gestos y señales son obvias, pero la mayoría de las veces son sutiles. El lenguaje corporal "silencioso" es realmente poderoso. Ya sea que estés trabajando en una empresa culturalmente diversa o simplemente quieras entender a un vecino o a un nuevo amigo, entender lo que la gente quiere decir interpretando su lenguaje corporal puede ser todo un desafío.

Cómo el lenguaje corporal mejora tu mentalidad

El lenguaje corporal afecta el centro de quién eres como individuo. Afecta nuestra postura y bienestar fisiológico, pero puede cambiar nuestro punto de vista psicológico, nuestra impresión del mundo y la percepción que los demás tienen de nosotros en un instante.

- Utilizamos nuestro lenguaje corporal para comunicar nuestras reflexiones, pensamientos, sentimientos, de manera inconsciente y consciente.
- Sincronizamos los movimientos del cuerpo con las palabras que expresamos, a veces de manera exagerada para enfatizar el significado.
- Realizamos acciones como encogernos de hombros cuando somos criticados o señalamos con nuestros pies a la persona con la que estamos hablando.

Antes de que la palabra hablada comience a ser nuestra forma de comunicación más utilizada, el lenguaje corporal era la técnica principal para expresarnos y comprender a los demás. Nuestro cuerpo es una de las principales herramientas que utilizamos para expresarnos, seamos o no conscientes de sus comunicaciones.

¿El lenguaje corporal influye en nuestro estado de ánimo?

Nuestro lenguaje corporal interconecta nuestra comunicación con el mundo exterior y también es una forma en que nos asociamos con nosotros mismos.

¿Cómo te tratas a ti mismo?

¿Te encorvas cuando caminas o caminas erguido y orgulloso?

¿Es cierto decir que la mayoría de nosotros tenemos una relación respetuosa y agradecida con nuestros cuerpos?

Probablemente no. Regularmente subestimamos nuestros cuerpos, los criticamos, exigimos más y damos menos. Frecuentemente dejamos de lado nuestro bienestar, a menos que se presente una dolencia o enfermedad.

La mayoría de las veces, nuestras increíbles "máquinas" físicas se dan por sentadas.

El lenguaje corporal muestra nuestras creencias internas de cómo nos sentimos acerca de nuestros cuerpos. Esta muestra externa de respeto, o la falta del mismo, puede afectar nuestro cuerpo físico y nuestra postura. Sin embargo, también puede cambiar cómo nos sentimos. Ser capaz de sintonizar con una actitud positiva cuando nos enfrentamos a una situación negativa hace que desarrollemos y mantengamos niveles elevados de confianza y energía. Esta evolución de la emoción es evidente en nuestro lenguaje corporal externo. Es evidente cuando tenemos confianza tanto como cuando tenemos miedo. Y has aprendido cómo una buena postura y un lenguaje corporal positivo también pueden cambiar nuestra actitud, brindándonos la capacidad de alcanzar sentimientos positivos rápidamente, aumentar nuestra confianza regularmente, proyectar energía y mostrar una actitud ganadora.

10

Tipos Principales de Lenguaje Corporal

En esta sección, aprenderás muchos tipos de comunicación no verbal. Dos de los tipos de comunicación no verbal más ampliamente reconocidos que las personas pueden entender fácilmente son la comunicación no verbal sincera y la comunicación no verbal de saludo. Los diferentes tipos de comunicación no verbal que encontrarás son enérgicos, cerrados, engañosos, apasionados, abiertos, poderosos, entre otros.

Lenguaje corporal agresivo

Ser golpeado en la cara o golpear a alguien no es un ejemplo de lenguaje corporal agresivo. Existen numerosos tipos de señales poderosas que pueden evitar que te conviertas en víctima de un asalto real. En cualquier caso, la comunicación no verbal enérgica es una señal de advertencia de un peligro real potencial o de una intención intimidatoria. Las peleas reales nunca son algo bueno. Comprender las señales de alerta es extremadamente beneficioso. Conocer las señales de contundencia podría salvarte la vida si trabajas en un entorno donde hay gente inestable, como una cárcel.

La comunicación no verbal agresiva puede surgir en una amplia gama de estructuras. Las señales faciales que pueden hacerte consciente de un peligro potencial son las miradas, los labios apretados, el rubor en la cara, una mirada burlona, la mandíbula apretada, la mirada hacia abajo con los ojos entrecerrados y sacudidas de la cabeza hacia ti. Otro signo de peligro común es que alguien se te ponga frente a frente con su cara. Con estos movimientos, lo mejor es moverse dos o tres pies para poner cierta distancia entre ti y la persona, lo que te da la posibilidad de parar la situación. La posición de asalto de la comunicación no verbal es con frecuencia la posición de los pies para lograr estabilidad y asegurar las manos y los músculos apretados. Algunos pueden divertirse un poco con los pies, similar a un boxeador.

Sin embargo, esta no es la norma; hay algunas personas que no muestran signos físicos externos de que tengan la intención de golpearte. Las personas con un alto nivel de influencia pueden mostrar poca o ninguna indicación de que tengan la intención de agredir a otra persona. La comunicación no verbal por sí sola puede poner a uno en peligro en esta situación, por lo que también es fundamental prestar atención a las indicaciones verbales. Cruzar los propios límites espaciales, mentales o pasionales es otro tipo de comunicación no verbal contundente. Todo el mundo tiene un refugio seguro conocido como su propio espacio. Cuando esa línea se cruza físicamente (por ejemplo, tocar físicamente a otro sin permiso, etc.), esa invasión del espacio puede ser muy molesta para algunas personas y tal vez se interprete como un lenguaje corporal agresivo. Las personas que hacen esto pueden tener buenas intenciones, pero también pueden estar tratando de acercarse a ti. Hacen esto para ganar poder sobre los demás al hacerlos sentir incómodos y débiles.

Los gestos agresivos del lenguaje corporal son señales de advertencia de que estás en peligro. Los gestos con las manos se utilizan con frecuencia para provocar a otra persona en un conflicto físico. Por ejemplo, "darle la vuelta a alguien", señas de pandillas o empujones de brazos, que generalmente van seguidos de insultos verbales. Golpear cosas (puño en la mesa, pared, puerta, etc.) es otro gran indicador obvio. Patear y pisotear son otras dos formas de mostrar un lenguaje corporal agresivo sin hacer contacto físico.

Lenguaje corporal consciente

La apariencia de sintonizar y escuchar lo que otros dicen a través de la comunicación no verbal se conoce como comunicación no verbal consciente. Un buen ejemplo de comunicación no verbal abstraída es bostezar o quedarse dormido. Si estás solicitando un trabajo o trabajando en un campo que requiere contacto verbal con las personas, ser capaz de mostrar adecuadamente una comunicación no verbal consciente puede tener un impacto significativo.

Otra situación en la que las habilidades excepcionales en la comunicación no verbal consciente son útiles es en las relaciones cercanas y las circunstancias personales. La comunicación no verbal sólida y consciente demuestra que estás realmente interesado en lo que otra persona está diciendo, y casi seguramente resultará en un intercambio mutuo de atención.

Una forma de dar la impresión de prestar atención de manera efectiva a otra persona a través de la comunicación no verbal es inclinarse hacia la persona que está hablando; sin embargo, ten en cuenta los límites personales al hacerlo. Querrás saber si alguien te está prestando atención asumiendo conscientemente que su mirada está sobre ti y que no se desvía en diferentes direcciones de manera irregular durante la conversación. Cuando alguien está prestando atención a otra persona, su mirada generalmente está fija, lo que indica que está concentrado en lo que estás diciendo. Notarás que asiente con la cabeza de acuerdo o en desacuerdo con lo que estás diciendo. La persona que escucha también puede imitar tu comunicación no verbal. Esta es una forma fantástica de expresar que estás sincronizado.

Lenguaje corporal cerrado

¿Te has planteado en algún momento si tu compañero de vida, amigo, colaborador o mánager estaba agotado con todo lo que salía de tu boca? Pero no pudiste darte cuenta por su comunicación no verbal. Pues ahora podrás saber si lo que dices está entrando en oídos sordos. Una de las principales señales de que alguien te está bloqueando por completo es su mirada. Asumiendo que están continuamente escuchando cada uno de los hechos o eventos, puedes apostar que no se están enfocando en ti, prestando poca atención a la frecuencia con la que te hacen saber que están escuchando.

Debes estar atento a las manos y los pies fríos, así como a los ojos espasmódicos, ya que estos son signos de que no te están prestando atención. El punto en el que una persona comienza a bostezar o desplomarse es una gran señal. En realidad, bostezar puede ser una señal de que una persona tiene deficiencia de oxígeno; sin embargo, cuando se está exhausto, un individuo también bosteza. Si alguien se queda dormido frente a ti, tienes un serio problema de presentación y deberías considerar tomar algunas clases de oratoria o comunicación efectiva. Una de las razones por las que las personas pueden optar por desconectarse es que el tema que estás discutiendo con ellos es algo que no entienden o no quieren entender. O, por otro lado, podría ser algo que te hayan escuchado decir antes.

Si una persona no tiene interés en lo que estás hablando, es muy fácil que pierda el interés y se canse rápidamente. Al estar en una reunión, es vital utilizar la comunicación no verbal mientras hablas. No utilices aclaraciones tediosas. Mantenlo breve y directo. No tienes que repetir las cosas cincuenta veces. Deja que hagan preguntas. Ten fe en ellos. Ellos sabrán lo que quieres decir.

Cuando una persona está cansada, también puedes notar una comunicación no verbal cerrada. El lenguaje corporal cerrado indica que tu audiencia se ha cerrado por completo y que ya no estás en la misma habitación con ellos, incluso si estás parado directamente frente a ellos. Los adolescentes son capaces de mostrar esto perfectamente a veces. La comunicación no verbal cerrada también puede introducir una actividad cautelosa en las personas. Si te enfrentas a una persona y muestra una comunicación no verbal cerrada, es muy probable que se deba a que la estás asustando y para que puedas transmitir correctamente lo que intentas decir, debes cambiar tu enfoque. Ejemplos de comunicación no verbal cerrada son retorcerse, temblar, brazos firmemente cruzados, piernas firmemente cruzadas y una mirada descendente o mirada enfocada a un elemento, actuando como un divisor. Puede haber muchas justificaciones de por qué te sucede esto. Por lo tanto, no esperes que sea un resultado directo de lo que estás diciendo.

El individuo puede haber tenido recientemente un día particularmente difícil. Cuando te encuentres con alguien que parece darse por vencido, toma nota de lo que se dijo en el momento en que cambió la comunicación no verbal. Por lo general, es un buen indicador de lo que les sucede. Cuando una persona se siente socavada, aunque sea solo verbalmente, su cuerpo reacciona. Entrarán en un modo protector o enérgico. Es un modo de autoprotección cuando está en el modo de protección. Torcerse protege los órganos vulnerables y las partes del cuerpo en caso de un ataque. También puede actuar como un mecanismo para calmar a una persona.

Otra razón por la que las personas pueden exhibir comunicación no verbal cerrada es que intentan ocultar algo de la otra persona, como lágrimas o miradas. Puedes hacer que una persona pase de una comunicación no verbal cerrada a una comunicación no verbal más abierta y tolerante dándole algo para sostener, como una bebida. Otro enfoque es imitar su comunicación no verbal de tal manera que, sin darse cuenta, noten cuánto te pareces a ellos. Esto ayudará a crear una relación de empatía entre ustedes.

Lenguaje corporal engañoso

La comunicación no verbal engañosa debería ser importante para que todos aprendan. Puede ayudarte a determinar si alguien está siendo sincero contigo o está tratando de engañarte. Sin embargo, algunas personas, como los vendedores, los psicópatas y los delincuentes, son muy buenos para ocultar el lenguaje corporal engañoso. Buscar señales de inquietud es un método común para determinar si una persona está siendo deshonesta o no a través de su comunicación no verbal. Algunos signos normales de nerviosismo son sudoración, tensión, frotamiento en la parte posterior del cuello u otras partes del cuerpo, movimientos bruscos, sacudidas del cuerpo, cambios en el tono o la entonación de la voz, aceleración del ritmo del discurso, mordeduras en la boca y colocación de las manos en los bolsillos o tener las manos inquietas.

Cuando miente, una persona con frecuencia intentará ocultar su engaño tratando de controlar su comunicación no verbal a través de sonrisas restringidas y movimientos de manos tergiversados. El cuerpo, ya ves, no miente. Los individuos también son conscientes de esto. Con frecuencia hablarán mientras se ven distraídos y evitarán el contacto visual. Si tienen éxito, pueden cambiar su peso de un pie al siguiente con más frecuencia de lo habitual.

La ley requiere que se persiga la comunicación no verbal. Como parte de esa preparación, aprenden cómo funciona la mente y cómo reacciona el cuerpo cuando usa varias partes del cerebro para pensar, como el movimiento de los ojos. Se cree que la dirección en la que uno mira cuando responde a una pregunta puede ayudar a determinar si el individuo está mintiendo. Esto no siempre es un buen indicador para usar en la búsqueda de la verdad; sin embargo, si alguien mira hacia un lado mientras responde una pregunta, debe prestar mucha atención a lo que dice.

Esta es la razón. Se cree que es una actividad intuitiva mirar a la derecha cuando se utiliza la mitad izquierda de la mente, el lado racional y perspicaz, y mirar a la izquierda cuando se utiliza la mitad derecha del cerebro, el lado entusiasta e inventivo. Se imagina que cuando un individuo miente, utiliza la parte derecha de su cerebro para crear la mentira que hace que sus ojos miren hacia el lado izquierdo. Hay un estudio que establece perspectivas contrastantes sobre la mentira y la mirada fija, algunos dicen que una persona miente cuando mira hacia la derecha porque está utilizando el lado imaginativo de su cerebro para inventar la historia. Donde otros dicen que la izquierda ya que están tratando de utilizar la razón para sonar bien.

Por lo tanto, no juzgues la apariencia de una persona cuando reacciona a una pregunta que le planteas o cuando le cuentas una historia. Presta mucha atención a toda su comunicación no verbal antes de condenarlos. Estos datos demostrarán ser más útiles cuando recuerdes el rumbo de los ojos de alguien que está mintiendo. Puedes adaptarte fácilmente a esto haciéndoles un montón de preguntas de prueba y luego obteniendo información sobre algo y observando a dónde van sus ojos. Aquí hay un par de cosas fascinantes adicionales sobre la mirada fija cuando se intenta revisar un recuerdo o almacenar información. Cuando intentamos revisar un recuerdo, utilizamos la mitad derecha de nuestra mente, haciendo que nuestros ojos miren hacia la izquierda. Cuando buscas recuerdos visuales, tus ojos miran hacia arriba, y cuando alguien mira hacia abajo, está tratando de revisar recuerdos apasionados. Sea como fuere, los ojos que miran de derecha a izquierda significan que están intentando revisar o procesar recuerdos audibles.

La observación de la comunicación no verbal puede ser útil. Particularmente si la otra persona no se sincera. La comunicación no verbal cuando se miente varía y cualquier persona que sea observadora puede obtenerla fácilmente. El lenguaje corporal cuando miente regularmente pasa desapercibido. Sea como fuere, es quizás el método menos exigente para saber si alguien te está engañando. Las sonrisas son uno de los signos de comunicación no verbal menos exigentes a seguir. Las personas que sonríen por ello, en general, utilizan los músculos alrededor de la boca.

Una sonrisa genuina utiliza más músculos y las mejillas de una persona normalmente se mueven cuando sonríe. Una persona que te está ocultando algo intentará no conectarse visualmente. Esto se debe a que los ojos son una parte fundamental para leer detenidamente la comunicación no verbal de una persona. Los ojos frecuentemente descubren si una persona está mintiendo o no. Es increíblemente difícil para un individuo mentir y mantener una expresión indiferente. Las personas que mienten regularmente miran a su alrededor y mueven sus ojos. Esta es una comunicación no verbal normal cuando se miente. Si te encuentras en tal circunstancia, es de suponer que te están mintiendo.

Un individuo que miente efectivamente se vuelve cauteloso. Esta es una de las cosas más conocidas que hacen o, por otro lado, pueden hablar más fuerte o cambiar su tono. Una persona que miente necesita falsificar regularmente señales de comunicación no verbal genuinas. Un ejemplo de esto sería cuando actúa asombrado. El individuo puede tener una respuesta latente y no actuar de forma inesperada. Dado que las personas que mienten cambiarán su forma de hablar, suponiendo que alguien diga te amo, sin embargo, están utilizando un tono que es increíblemente único para ellos, probablemente se sientan extremadamente aprensivos con respecto a decirlo, y eso puede significar que no te están diciendo la verdad.

Algunas personas se endurecen cuando mienten. Asimismo, por regla general utilizan sus manos para cubrirse la cara rascándose la nariz o tapándose la boca mientras hablan. A menudo, se utiliza la mentira cuando se está bromeando. Los individuos engañarán e intentarán hacerse más agradables. Debes estar atento a cambios abruptos en su cuerpo. Estar al tanto de estas progresiones te permitirá saber cuándo alguien te está proporcionando datos falsos. Notar el movimiento de las manos también es conveniente. Los mentirosos con frecuencia sacuden los dedos o juegan con su cabello.

Ten en cuenta cuando lo que se habla no es la realidad. El cuerpo no puede mentir. Es absolutamente incongruente e incómodo mentir y el cuerpo te lo dirá mostrando un cambio en la forma en que se está cuidando. Ser perceptivo de los desarrollos de su cuerpo cuando no está mintiendo y cuando está mintiendo te ayudará drásticamente a saber si te están mintiendo.

Lenguaje corporal defensivo

Cuando una persona está nerviosa, su comunicación no verbal lo revela de varias maneras. Sentirse cauteloso implica que el individuo se siente socavado o atacado. El cuerpo entra en un estado de reacción instintiva. A pesar de que no existe un peligro físico real, pueden sentirse seriamente amenazados. Cuando una persona cree que está siendo atacada, instintivamente trata de protegerse del daño.

Intentarán poner un límite entre ellos y el individuo o la circunstancia que los hace sentir incómodos. Esto podría ser una silla, una mesa o sostener un paquete frente a ellos para crear un obstáculo entre ellos y la amenaza percibida. Podrían agarrar sus llaves en medio de sus dedos. Podrían cruzarse de brazos. Otro indicador de acto corporal cauteloso es el punto en el que alguien se vuelve extremadamente endurecido o rígido. Un individuo en un modo de protección puede mirar a su alrededor, tratando de descubrir cómo escapar. Pueden decidir huir. A partir de ahora se utilizará el término "reacción instintiva". Esta es una reacción típica que tiene la gran mayoría de las personas cuando sienten presión, tensión o nerviosismo, y sentirse cautelosos o soportar un ataque es sin duda una forma de provocar tal reacción.

Lenguaje corporal dominante

La comunicación no verbal dominante está fuertemente asociada con la comunicación no verbal enérgica, aunque a un nivel más bajo de entusiasmo. El objetivo principal de la comunicación no verbal dominante es demostrar control sobre otra persona, no de forma forzada, sino legítima. Una persona con una fuerte preferencia por la comunicación no verbal con frecuencia tratará de hacer que su cuerpo parezca más grande de lo que es. Con frecuencia cruzan los brazos con las manos debajo de los bíceps en un intento de sacar el pecho, dándoles una apariencia más grande. Las personas se pararán con las manos en las caderas, los codos abiertos, el pecho hacia afuera y la mandíbula hacia arriba. Muchas madres estarán en esta posición mientras entrenan a sus hijos.

Considera una escena en una película donde un sospechoso está en una sala de interrogatorio. Como puedes ver en la escena, el investigador normalmente está de pie, lo que hace que el sospechoso se siente para darle una estatura dominante sobre el sospechoso. Pueden caminar por la sala. Esto es similar a marcar su territorio. Al atacar el espacio personal del individuo, hacen que el individuo se sienta incómodo, especialmente con la altura adicional.

Emociones y el lenguaje corporal

La comunicación no verbal de las emociones es una región excepcionalmente amplia ya que un individuo tiene una amplia gama de sentimientos. La indignación, por ejemplo, no parece lo mismo que la comunicación no verbal alegre. De todos modos, algunas señales de comunicación no verbal de alegría se pueden mezclar con un lenguaje corporal miserable. Existen numerosos signos no verbales que pueden ayudarte a descubrir lo que otra persona siente internamente, pero no se seleccionan y no hay dos personas que respondan esencialmente de la misma manera a impulsos similares. Lo que puedes pensar que haría miserable a un individuo, puede no afectarlo en absoluto. Por el contrario, puedes pensar que una persona no tendrá ninguna respuesta.

Comenzando con la indignación, una persona puede estar furiosa, por algunas razones, por obtener una mala calificación, tener un mal día en el trabajo, un cheque sin fondos, una disputa y muchas otras circunstancias. Algunas cosas pueden indignar a un individuo más profundamente que a otro. Los signos normales de comunicación no verbal de indignación son: una cara o cuello sonrojados, una mandíbula apretada o una mano apretada, caminar de un lado a otro, atacar el espacio individual y la utilización de la comunicación no verbal contundente, que discutimos anteriormente. Los sentimientos de pavor, tensión o aprensión son esenciales para la disposición similar de los sentimientos y, de esta manera, tienen cualidades comparables con respecto a la comunicación no verbal. Saber un poco sobre la circunstancia mientras examinas la comunicación no verbal de las personas te ayudará a adquirir una mayor comprensión de cuáles de estos sentimientos están experimentando; temor, inquietud o ansiedad. La comunicación no verbal de estos sentimientos puede presentarse como si el cuerpo se pusiera incontrolablemente nervioso, con la cara pálida, con la boca seca, desviando la conexión de los ojos a los ojos, o pueden parecer casi lágrimas con los ojos húmedos.

También pueden exhibir un labio estremecido, sacudida de la mirada, temblores en la voz, tartamudeo, interrupciones en la voz, sudoración, latidos cardíacos elevados, mano apretada, músculos o mandíbula. Cuando las personas experimentan estos sentimientos, también se olvidan de respirar. Como resultado, es posible que notes largas pausas. Ciertas personas pueden sentirse incómodas, mientras que otras pueden adoptar una postura de comunicación no verbal más cautelosa. Como era de esperar, un número significativo de estas señales de comunicación no verbal están disponibles en los diversos sentimientos que hemos discutido. Leer el cuerpo no es tan antiguo como leer libros. Sólo te contará una parte de la historia.

La tristeza se manifiesta típicamente con los hombros caídos, o el cuerpo se vuelve fláccido. El labio también temblará. Las lágrimas, por supuesto, son un claro indicio de tristeza. Una persona generalmente hablará con voz monótona. La vergüenza puede manifestarse como una cara enrojecida, aversión al contacto visual, ceño fruncido o una sonrisa resignada. La vergüenza también puede llevar a la abstinencia en algunas personas. La comunicación no verbal sorprendida dará como resultado ojos agrandados y cejas arqueadas. Su boca puede caer abierta, e incluso pueden parecer sorprendidos.

La felicidad extrema puede hacer que una persona realice un baile alegre en el que salta, agita los brazos o aplaude salvajemente. Aunque estos son tipos extremadamente comunes de comunicación no verbal utilizados para comunicar un sentimiento, algunas personas no son tan expresivas y pueden no exhibir ninguna de estas articulaciones exageradas. Podrían estar extasiados e incluso esbozar una pequeña sonrisa. La mejor manera de buscar la comunicación no verbal es volverse extremadamente perceptivo de lo que hacen las personas en sus diversos estados, y luego sabrás cuándo están en ese estado.

Lenguaje corporal relajado/abierto

La comunicación no verbal que es relajada o abierta, en general, comunica comodidad. Los signos más evidentes de comodidad son los brazos abiertos y las palmas abiertas. Especialmente si sus manos descansan libremente sobre su regazo o si parecen gozar de buena salud en general. Esto transmite el deseo de que las personas se revelen por completo. Suponiendo que una persona estaba mostrando una comunicación no verbal cerrada y de repente notas que ha cambiado para abrirse, considera lo que pudiste haber dicho o hecho que hizo que se abrieran hacia ti.

Aquí hay algunos signos diferentes para buscar: La apariencia facial es tranquila con una leve sonrisa o boca relajada. Sus piernas no están cruzadas y son paralelas. Sus ojos miran y se conectan visualmente contigo. Ellos están sonriendo. Al sentarse erguido o reclinarse fácilmente, la respiración de una persona es más lenta de lo normal y constante. Todo el cuerpo está suelto sin indicaciones de presión o tono muscular. De hecho, incluso el tono de su tez será el habitual, no muy pálido, no muy ruborizado. Los pies de una persona te dicen con quién se siente cómodo y con quién no.

Lenguaje corporal sumiso

Un individuo que es complaciente está tratando de protegerse de parecer enérgico o como un peligro. Está haciendo todo lo posible para mantenerse alejado de la confrontación. Estas son algunas de las posiciones que adoptará una persona que se sienta complaciente: una posición agachada, incluso un poco con las rodillas ligeramente dobladas. Encorvarse hacia adentro reduce el tamaño del cuerpo, restringiendo la capacidad de ser golpeado y asegurando áreas importantes.

Los brazos se sujetan. Poner el cuerpo en una posición más baja muestra a la otra persona que no eres una amenaza física. Incluso mientras está sentado, un individuo elegirá un asiento más bajo o se inclinará para derribar a los demás. Mantener la cabeza hacia abajo y girando la línea de la mandíbula. Los ojos estarán muy abiertos y atentos. Los individuos sumisos sonríen más a los dominantes. La sonrisa no es genuina. Las mujeres a menudo mostrarán una comunicación no verbal más complaciente que los hombres.

11
Dominar el Arte de Analizar Personas

Pistas del lenguaje corporal: conceptos básicos

Cuando las personas se comunican, la cara suele ser el punto focal. Los labios son el hogar para revelar pistas contextuales sobre los pensamientos de una persona. Por ejemplo, cuando los labios comienzan a retraerse hacia la boca, una persona puede estar escondiendo algo. Es posible que tengan un secreto o un detalle que quieran compartir contigo, pero se muestran aprensivos por varias razones. Esto a veces se conoce como "tragarse los labios", ya que una persona se impide físicamente revelar lo que realmente quiere decir.

Muchos le atribuyen una cara triste con las comisuras de los labios apuntando hacia abajo. Algunas personas descansan sus labios en esta posición regularmente. Esto podría indicar un sentimiento de confusión interna o dolor que están experimentando. Muchos de nosotros nos encontramos con personas melancólicas, ya sea personalmente o en el lugar de trabajo. La próxima vez que le hables, presta atención a la posición de sus labios. Es posible que tengas un respaldo sólido para verlos tristes en general. Las personas que se muerden los labios con frecuencia pueden tener ansiedad crónica o mostrarte que se sienten incómodas. Muchas veces, una conversación desagradable, el estrés o el nerviosismo se manifestarán a través de los mordiscos. Esta acción es casi como un espacio seguro para las personas ya que les brinda consuelo en medio de la ansiedad.

Señales dadas por la nariz

Aunque comúnmente se ignora, la nariz puede señalar varias emociones, como agresión, disgusto e incluso una lluvia de ideas. Cuando las personas están absortas en sus pensamientos, puedes notar que tienden a jugar con la punta de la nariz moviéndola o incluso dejando una huella en ella. Un ligero pellizco muestra frustración; tal vez una persona no puede encontrar una solución. Es probable que hayas escuchado la reacción de una persona provocada. Sin embargo, la nariz puede señalar la verdadera naturaleza de su próximo movimiento. Cuando las fosas nasales se ensanchan, una persona experimenta una gran cantidad de adrenalina debido a sentimientos de ira extrema. Pueden estar llegando a su límite en una discusión y preparándose para el siguiente nivel. Cuando notes esto, quizás reduzcas la intensidad de la conversación hasta que esa persona pueda calmarse. ¡Pueden estar usando esta forma intensa de respiración como munición para explotar!

Lo que dicen tus cejas

La frente trabaja en conjunto con los ojos y las cejas para señalar asombro con un ligero movimiento. Tal vez estás volviendo a contar una historia emocionante y la persona no puede creer lo que escucha. Su frente puede arrugarse para indicar incredulidad. Esto no significa que piensen que eres un mentiroso. Más bien, están sorprendidos por el contexto de la historia que les hace querer saber más. Las cejas son tan expresivas como los ojos. Como se mencionó, una frente arrugada puede estar asociada con shock. A menudo, esto va acompañado de cejas levantadas.

Cuando bajan, las cejas pueden indicar una gran cantidad de emociones, desde confusión hasta irritación. La especulación es la similitud entre las diferentes señales emitidas por las cejas. Además, una ceja baja podría indicar una falta de respeto. En una discusión, a menudo, una frase mal pronunciada puede desencadenar una serie de cejas bajas seguidas por la cabeza inclinada hacia atrás. Las caricaturas pueden representar a un hombre fornido levantando y bajando las cejas hacia arriba y hacia abajo cuando mira a una mujer atractiva. Estas acciones a menudo se expresan de manera extrema. Aunque entretenidos, los ilustradores son correctos con su representación. Las cejas que se mueven rápidamente hacia arriba y hacia abajo pueden significar reconocimiento. Cuando nos encontramos con un viejo amigo en una cafetería llena de gente, nuestras cejas pueden subir y bajar rápidamente. Estos son ejemplos de movimientos sutiles que tienen lugar en áreas poco probables de la cara. Los ojos se omitieron a propósito, ya que profundizaremos en su significado más adelante. Aunque la cara alberga distintos signos de emoción, el cuerpo puede irradiar pistas similares para indicar sentimientos.

Pistas corporales

Al entablar una conversación, inclinarte hacia tu pareja revela interés. Mientras cenas, una mujer puede inclinarse hacia su cita con todo su cuerpo apuntando en su dirección. Cuando esto ocurre, todas las áreas del cuerpo están frente al sujeto en cuestión. Incluso los dedos de las manos y de los pies, las rodillas y la nariz miran hacia la persona opuesta. En muchos casos, las piernas inclinadas hacia un interés amoroso mientras uno está sentado, podría indicar un deseo de encuentro sexual.

Una espalda encorvada con los hombros apuntando hacia adentro indica ansiedad o tristeza. Cuando el cuerpo se enrosca hacia adentro, esto demuestra miedo. Tu cuerpo está tratando de protegerse instintivamente. Cuando un niño está avergonzado, a menudo notarás que la cabeza, los hombros y los brazos se le caen de manera obvia. En los adultos, estamos condicionados a ocultar emociones como la vergüenza, la ansiedad o el miedo. Debido a esto, las señales son sutiles. En la raíz de todas las emociones, como la vergüenza, la ansiedad o la tristeza, se encuentra el miedo. Miedo a lo desconocido, miedo a lo que piensan los demás y miedo al futuro. Con el cuerpo curvado hacia adentro, de repente puedes sentirte seguro y menos vulnerable. Para probar esto, imagina un momento en el que te sentiste avergonzado por un error en el trabajo y tu jefe te confrontó por ello. ¿Tuviste que obligar a tu cuerpo a mantenerse erguido para exudar confianza? Si es así, probablemente tuviste que esforzarte en mantener esa posición.

El pecho es un medio silencioso de coqueteo tanto para hombres como para mujeres. Los hombres pueden señalar su pecho hacia afuera para mostrar masculinidad. Una mujer puede atraer apuntando su pecho hacia su interés para exponer sus senos. Además, las mujeres pueden girar ligeramente el pecho unos 45 grados para resaltar aún más su figura. Un pecho que se curva hacia adentro es un mecanismo de protección. Los animales, como se mencionó al principio, tienen un lenguaje corporal similar que comunica dominio o sumisión. Cuando un lobo le muestra a su alfa que no es una amenaza, curvará su pecho hacia adentro, ocultando así su fuerza. Esta no es una pose de invitación, sino más bien una señal de que no está buscando conflicto. Los humanos muestran estas mismas tendencias. Un CEO exitoso puede relajar el pecho y colocarlo hacia adentro cuando quiere parecer humilde con los empleados. Esta pose, aunque traduce inseguridad, puede ser un gesto amistoso, de sumisión, tal vez incluso de respeto.

Señales de los hombros, cuello y caderas

De manera similar, cuando los hombros, el cuello y la espalda están erguidos, esta persona está demostrando confianza. Sin embargo, la necesidad de poder autoritario podría cambiar los hombros de una posición erguida a una que se cierne sobre ellos como un medio para mostrar intimidación. Observa cómo los hombros, a pesar de que están en posición vertical, todavía se curvan ligeramente. Aunque esta persona claramente está tratando de establecer autoridad, todavía hay una ligera inseguridad o protección en su postura. Esta es una señal clave para revelar personas que pueden parecer seguras pero que están realmente inseguras sobre algo.

La espalda es potente y directa. Cuando estás conversando con alguien y te da la espalda, es probable que no esté interesado en lo que tienes que decir. Además, esto podría ser otra señal de intentar emitir dominio. Este comportamiento desdeñoso es condescendiente con la persona con la que se relacionan y los hace menos accesibles. Las caderas realizan movimientos sutiles pero poderosos. Generalmente, las caderas se utilizan con la comunicación sexual, invitando o rechazando así a una pareja potencial. Cuando se empuja hacia afuera o se balancea, la invitación al coqueteo es obvia. Una persona puede mostrar su atracción de esta manera. Del mismo modo, la dirección hacia la que apuntan las caderas también podría indicar la dirección en la que la persona quiere ir.

El lenguaje corporal es una hermosa herramienta que permite que emane la verdad. El lenguaje corporal tiene que ver con la asociación. Las direcciones que normalmente vinculamos con las emociones pueden revelar el verdadero estado de una persona. Para dominar efectivamente este idioma, es importante comprender los principios psicológicos básicos. Al asignar un significado más profundo al movimiento común, estás pensando como un psicólogo. Como se mencionó, los ejemplos anteriores solo arañan la superficie de lo que el cuerpo nos está diciendo. A medida que nos sumerjamos en las complejidades del lenguaje corporal, verás cuán detallada es realmente esta forma de comunicación.

12
Interpretando el Lenguaje Corporal de Pies a Cabeza

La traducción del lenguaje corporal incluye la investigación de movimientos, actividades y miradas identificadas con el comportamiento humano. En nuestras rutinas diarias, la especialidad de la comprensión legítima de la comunicación no verbal es la capacidad de observar al individuo con el que estás hablando y obtener otros signos, algunos de los que ya hemos hablado. Un elemento crítico de la comprensión de la comunicación no verbal es asegurarse de que pasa desapercibido lo que estás haciendo para que la otra persona no entienda lo que estás haciendo.

El lenguaje corporal involucra movimientos y desarrollos que incluyen todas las partes del cuerpo, desde la cabeza hasta los pies. Repasaremos las implicaciones esenciales de cada espacio del cuerpo. En secciones posteriores, desentrañaremos las implicaciones distintivas de la comunicación no verbal en conjunto por mentalidad. Cada señal de comunicación no verbal puede tener varias implicaciones, dependiendo de las circunstancias en las que se entregó. Por otro lado, antes de profundizar demasiado en las señales que emite tu cuerpo, muchas de ellas parecerán información excepcionalmente normal.

El hecho es que hay muchas cosas que buscar y cuanto mejor sepas qué buscar y, sobre todo, te des cuenta de la persona que está haciendo los movimientos, más sabrás lo que los movimientos pretenden. Incluso obtendrás señales novedosas que no están cubiertas en este libro y que son igualmente esenciales para observar y considerar detenidamente. Asimismo, recuerda, este libro se está escribiendo en América del Norte. Estos movimientos son comunes para los estadounidenses y pueden descifrarse de manera diversa o tener implicaciones completamente diferentes en diferentes sociedades o países. Trata de utilizarlos como una referencia general para ayudarte a concentrarte y perfeccionar tu capacidad para mirar a las personas de otra manera.

Cabeza

Puedes marcar sí o no según el desarrollo de tu cabeza. Gesticular normalmente implica si estoy de acuerdo con lo que se dice. Cuando tienes a alguien gesticulando con la cabeza en señal de comprensión, te das cuenta de que tienes una gran compatibilidad con ellos y les gusta lo que quieres decir. Inclinar la cabeza hacia atrás o hacia un lado demuestra que el individuo está pensando profundamente en una idea.

Cara

Las articulaciones faciales son indicaciones claras y perceptibles de cómo se siente realmente alguien, pero hay ciertas personas que se vuelven realmente expertas en controlar su apariencia y pueden significar algo pasivo en un nivel superficial. Esto puede ser una señal de advertencia. Cuando alguien está ocultando su apariencia, podría estar tratando de desorientarte de una forma u otra. Por eso o por razones desconocidas, son poco hábiles al comunicar sus sentimientos. No significa que no tengan escrúpulos, pero suponiendo que intentas entablar una relación con esta persona, puede significar que debes intentar que se exprese de forma clara contigo.

Ojos

Los ojos son las ventanas del espíritu. La comunicación no verbal de los ojos es uno de los vehículos más notables de la correspondencia no verbal. Puede apoyar o restar valor a lo que estás diciendo. Incluso el más pequeño movimiento ocular puede revelar el significado más profundo. Nadie puede perderse lo que se comunica a través de los ojos, aunque el rostro esté vacío. Los ojos pueden decir mucho en la mayoría de los casos.

Contacto visual

Es común tener una conexión cara a cara durante una discusión. Puede significar diferentes cosas en diferentes contextos. El contacto visual generalmente es una señal de que tienes toda la atención y el interés de alguien. También puede denotar confiabilidad. Además, dependiendo de las circunstancias, puede ser un signo de fascinación. Puedes saber si alguien te está mintiendo porque es casi imposible para ellos mantenerse en contacto contigo durante un período prolongado de tiempo cuando mienten. Hay una razón fisiológica para esto. Cuando alguien está inventando historias, sus ojos tienden a mirar en cierta dirección.

Si los ojos de la persona no están completamente enfocados en ti, podría ser una señal de algunas cosas, y debes tener en cuenta algo más profundo para determinar el significado preciso en esa circunstancia específica. Por lo general, implica que la persona no está interesada en la discusión. Sin embargo, no es obvio. También podría indicar incertidumbre, duda o falta de confianza. Podría implicar que la persona se siente terriblemente atraída hacia ti y tiene demasiado miedo de permitirte ver sus ojos, lo que puede hacer que te alejes. Ellos también podrían estar distraídos.

El uso apropiado del contacto visual también incluye saber cuándo apartar la mirada. Existen numerosas traducciones para una conexión cara a cara. Podría ser un pensamiento comprometido o una indicación de fascinación. Sin embargo, esto puede ser incómodo a veces, por lo que el truco es mirar el puente de la nariz. Si uno puede mantener una conexión visual extensa sin entrecerrar los ojos, también puede indicar poder o control. No obstante, el contacto visual prolongado puede parecer inusual. Tómate un descanso de vez en cuando. Sin embargo, terminar el descanso también puede indicar otros significados, como situaciones en las que uno desea terminar la conversación, ha sido insultado, descubierto o amenazado.

Movimientos oculares

Si el individuo tiene una gran cantidad de estudiantes, el individuo está interesado en la conversación. Los ojos que brillan en varias direcciones tienen diferentes implicaciones. Cuando uno mira a la derecha, implica que está evocando imágenes visuales. Mientras tanto, cuando mira el rumbo izquierdo, sugiere que está tratando de recordar algo. Sin embargo, dependiendo de la persona, todavía hay casos en los que se trata de una mirada devuelta. Para comenzar, ponlo a prueba pidiéndole que recuerde un momento de su pasado y que lo visualice.

Mirar hacia abajo, por otro lado, puede implicar que uno está conversando consigo mismo, pero esto es más obvio si los labios se han desarrollado más. También podría ser un signo de desgracia o culpabilidad. Cuando las personas miran hacia abajo, generalmente significa que están tratando de recordar cómo se sintieron acerca de algo. Mirar fijamente a otra persona implica que está al mando de la situación o que está conversando con alguien que está subordinado a él.

Los movimientos oculares laterales pueden indicar engaño, interrupción o el hecho de que está revisando datos que son relevantes para ti. Cuando miras de un ojo al otro y luego a la frente, implica que estás escudriñando a alguien. Cuando bajas hasta la nariz, estás conversando con alguien de tu nivel de estatus. Además, indica fascinación o romance al mirar de un ojo al otro y hasta los labios.

Expresiones de los ojos

Varias emociones y temperamentos se pueden comunicar mirando, guiñando, entrecerrando o cerrando los ojos. Mirar expresa curiosidad o fijación. Guiñar un ojo indica un plan, y también podría ser un método de burla. Una persona entrecerraría los ojos si no estuviera segura, intentando evaluar o confirmar la honestidad. Cerrar los ojos implica que la persona necesita una fracción de segundo para alejarse del mundo, o que está tratando de recordar algo. Además, mirar fijamente demuestra un estado de shock, conmoción o incredulidad.

Los ojos en el romance y el coqueteo

La amistad se puede expresar a través de los ojos. Guiñar un ojo es una manera de que alguien se burle de otra persona. La forma más común de ver a alguien es alejarse rápidamente y luego mirar hacia atrás. Este es un signo innegable de fascinación. Una expresión cálida y de espera es también un signo de sentimiento o deseo. Sabrás lo que necesita o no necesita la persona con la que estás hablando si sabes leer el lenguaje visual. Y, si sabes usarlo correctamente, puedes asumir la responsabilidad de cualquier situación o conocer la planificación adecuada para usar varios movimientos o expresiones oculares.

Los ojos también se usan para provocar, particularmente para determinar si la persona se siente atraída por ti o no. Es una señal de fascinación cuando sus ojos se encuentran a través de la habitación y luego uno de ustedes se da la vuelta y vuelve a mirar. Otro signo de fascinación es cuando los ojos bajan a los labios y luego vuelven a los ojos. Si los ojos de uno se dirigen a la frente de otro, indica que está conversando con alguien de autoridad. Cuando el ojo se mueve hacia la nariz, implica que no hay desequilibrios de poder entre las dos partes.

Cejas

Las cejas levantadas expresan asombro o conmoción. Un movimiento rápido de las cejas mientras mira a otro muestra que el individuo está reconociendo al otro individuo o saludándolo.

Nariz

Tocarse o frotarse la nariz es uno de los movimientos de autocontacto más conocidos, que generalmente realizan personas que están mintiendo o tratando de ocultar algo.

Labios

Lamerse o morderse los labios es uno de los signos habituales que las mujeres usan para coquetear. Besar es un movimiento que debería ser posible para mostrar el cariño y, además, se utiliza como una forma de saludo.

Hombros y espalda

Cuando los hombros están rectos y echados hacia atrás, pero sin fijar mucho los músculos de la espalda, eso demuestra confianza. Cuando los músculos de la espalda no se doblan y se endurecen, esto muestra presión y ansiedad. La caída de la espalda o los hombros significa letargo o aburrimiento.

Brazos y manos

Los brazos y las manos son otro factor importante en la interpretación de la comunicación no verbal. Una posición abierta de los brazos transmite una sensación de honestidad y aceptación de la situación. Cruzar los brazos indica una postura defensiva, así como duda o sospecha de lo que dice la otra persona. Las palmas abiertas expresan un estado mental relajado y cómodo. Meterse las manos en los bolsillos se suele interpretar como nerviosismo o falta de interés. Las manos en la cintura pueden indicar rabia o ira.

El puño cerrado es otro gesto común de la mano. Esta expresión expresa rabia, frustración, actitud defensiva, resistencia o confianza. La forma en que una persona se da la mano puede transmitir una variedad de mensajes. Es costumbre ponerse de pie para dar la mano. Este es un gesto de respeto. Mantener el contacto visual durante todo el apretón de manos es una señal de sinceridad. La persona que inicia el apretón de manos demuestra confianza, mientras que las palmas sudorosas indican ansiedad o nerviosismo. Un apretón de manos firme con la mano apuntando hacia abajo se reconoce universalmente como un signo de confianza. Las palmas también deben hacer contacto entre sí. Si están demasiado apretados, podría significar que están compensando en exceso por algo. Por otro lado, un apretón de manos débil indica nerviosismo.

Piernas y pies

Cuando las piernas de una persona están separadas al ancho de los hombros, ya sea de pie o sentada, indica que la persona está relajada. Estar de pie con las piernas cruzadas puede ser una señal de modestia. Cruzar las piernas cuando se está sentado es algo que muchas personas, especialmente las mujeres, hacen por comodidad. Sin embargo, también puede indicar que la persona es cautelosa, distante o desconectada. La posición de los pies también es una herramienta útil en la comprensión de la comunicación no verbal. Suponiendo que los pies de la persona estén apuntando hacia ti mientras permanecen uno frente al otro, esto indica que la persona está tranquila contigo. Su mirada se fijará en ti y su cabeza se inclinará en tu dirección.

Sin embargo, suponiendo que los pies de la persona no apunten hacia ti, su cabeza y sus ojos tampoco estarán sobre ti. Esto podría mostrar una falta de interés o una sensación de inquietud o incomodidad. Estos son solo algunos consejos que se pueden utilizar para la traducción de la comunicación no verbal. La traducción de la comunicación no verbal es una habilidad valiosa que desea desarrollar de forma rutinaria. Es increíblemente útil asumir que sabes cómo desentrañar las implicaciones de la comunicación no verbal de otra persona. Sea como fuere, las señales son falsas consistentemente. No todas las impresiones de leer detenidamente la comunicación no verbal duran. Esto puede ser constante si ya tienes una idea sobre el carácter de la persona. Con más práctica, serás mejor y más sutil en tu enfoque.

Malinterpretar el lenguaje corporal

Estas reglas son generales, obviamente. Al igual que los sueños, generalmente no tienen la misma importancia para todos. La capacidad de leer los movimientos del cuerpo de alguien a veces no es totalmente confiable. Los movimientos realizados por un individuo que podrían verse como descorteses, por ejemplo, podrían ser solo una propensión honesta para otra persona. A medida que conozcas mejor a una persona, ganarás competencia con su lenguaje corporal excepcional.

13
Cómo Utilizan los Manipuladores el Lenguaje Corporal

La manipulación psicológica es un tipo de influencia social que pretende cambiar la conducta o la impresión de los demás a través de estrategias indirectas, engañosas o maliciosas. Al proyectar los intereses del responsable del tratamiento en detrimento de otro, estas técnicas se consideran explotadoras. La influencia social no es necesariamente dañina, pero cuando se hace de manera maliciosa o con medios de automejoramiento, se considera abusiva e hiriente.

Muchas personas se sienten justificadas al 'guiar' el camino de otra persona, especialmente cuando creen que lo hacen por el bien de los demás, como apoyar a alguien que está tratando de perder peso o dejar de fumar. Como resultado, las personas, los compañeros, las familias y los especialistas intentan persuadir a las personas para que cambien hábitos y prácticas que no ayudan. Cuando se refiere al privilegio del individuo que puede reconocerlo o rechazarlo, como sugerir una determinada ruta para un viaje o una determinada marca de café, la influencia social suele considerarse inofensiva. Esto no se considera excesivamente coercitivo. Sin embargo, dependiendo de las circunstancias y motivaciones, la influencia social puede incluir una manipulación tortuosa.

Motivaciones de los manipuladores

Los manipuladores pueden tener diferentes motivaciones potenciales, que incluyen, pero no se limitan a:

- La necesidad de promover sus propias motivaciones y deseos individuales a expensas de otra persona o grupo de personas
- Una necesidad sustancial de que los demás los admiren y los elogien abiertamente, hasta el punto de la adoración.
- Una necesidad de sentirse a cargo
- Un anhelo de aumentar un sentimiento de control sobre los demás para aumentar su impresión de confianza en sí mismo.
- El cansancio o aburrimiento de sus circunstancias
- Un plan secreto o actividad delictiva, incluida la manipulación monetaria de la financiación o las inversiones de otra persona, incluida la estrategia y la proyección. (Frecuentemente observado cuando la población anciana o despistada que tiene fondos de inversión, es el objetivo y cuya motivación es estafarlos de sus recursos monetarios)
- No identificarse con sentimientos, responsabilidades o miedos ocultos, y dar como resultado la legitimación (el malhechor no controla intencionalmente, sino que intenta persuadir a otros con respecto a sus propias debilidades)

La fragilidad de los manipuladores psicópatas también incluye estos pensamientos:

CÓMO UTILIZAN LOS MANIPULADORES EL LENGUAJE CORPORAL

- Los individuos subordinados son obligados a pensar que son favorecidos por su amistad y son llevados a circunstancias ambiguas, aceptando el esfuerzo, cuando en realidad no deberían estar involucrados en absoluto.

Generalmente, las víctimas son:

- *Jóvenes e individuos inocentes* - estas personas tienen experiencia limitada en el juicio y, en general, aceptarán ideas y reclamos tergiversados, como enviar solicitudes de tarjetas de crédito a adolescentes antes de que comprendan las consecuencias de los principios de interés o la deuda contraída.

- *Individuos crédulos* - estas personas no pueden aceptar que hay personas sin escrúpulos que se aprovechan de los demás, o asumir que si hay tales personas, no tendrían ninguna razón para atacarlos a ellos, como las personas mayores que nunca han tenido personas sin escrúpulos que les roben o se conviertan en víctimas de robo de identidad.

- *Individuos susceptibles* - excesivamente seducidos por el encanto y el carisma. Por ejemplo, pueden decidir a favor del político seductor que le da la mano a todos.

- *Individuos que confían en los demás* - las personas honestas con frecuencia aceptan que todas las demás personas son honestas y dignas de confianza. Este tipo de personas se intimidan fácilmente y están obligadas a ceder ante personas que apenas conocen, tal vez sin verificar las calificaciones para un trabajo específico o sin desconfiar en una declaración de logros educativos.

- *Individuos descuidados* - estas personas tienden a no dar una medida adecuada de consideración cuando se enfrentan a una situación potencial de travesura o sospecha.

- *Gente desolada* - los individuos desolados pueden seguir adelante con cualquier idea si implica la interacción del contacto humano. Uno de los mejores ejemplos de este tipo de víctimas son las personas que acuden con frecuencia a foros de citas por Internet o salas de chat. Cuando una persona se "enamora" de otra antes de encontrarse cara a cara, lo más probable es que esté en presencia de una persona desolada y desesperada que está hambrienta de interacción humana y amor.

- *Gente narcisista* - los narcisistas tienden a caer en ridículas palabras melosas, así como a usarlas para atraer a otros a su ideología.
- *Individuos imprudentes* - las personas que hacen juicios precipitados e inmediatos generalmente tienen tendencias imprudentes y es más probable que compren un artículo por una cantidad exorbitante de dinero o se casen con otra persona después de conocerlos por un corto período de tiempo.
- *Individuos caritativos* - estas personas son muy probablemente lo contrario a la persona psicópata: son excesivamente legítimas, excesivamente razonables y casi siempre demasiado compasivas.
- *Gente ahorrativa* - estas personas no pueden desaprovechar un buen descuento o trato, independientemente de si conocen la razón para justificarlo o no. Si tiene asociada la palabra venta, liquidación o última oportunidad, están "todos adentro" para hacer el trato y volver a casa con un tesoro, supuestamente obtenido a un precio extremadamente bajo. La mayoría de las veces, la ventaja no está probada.
- *Individuos materialistas* - es una situación triste, pero estas personas son simplemente presa de tiburones avanzados o esquemas piramidales. Si el artículo es algo que atrae a la persona materialista, no importará el costo o la inversión, encontrarán la manera de obtenerlo.
- *Individuos codiciosos* - debido a que el impulso de poseer lo que otras personas tienen es tan intenso, la gente

codiciosa puede caer presa de alguien que puede tentarlos fácilmente a actuar de manera inapropiada.
- *Individuos masoquistas* - la necesidad que tienen estas personas de lograr el dolor o la humillación es grande, pueden sin saberlo dejar que personas manipuladoras los exploten. Piensan que lo merecen por un sentimiento de culpa o vergüenza.
- *Individuos enfermos* - las generaciones mayores se cansan y están menos preparadas para realizar múltiples tareas que las personas más jóvenes y, por lo tanto, cuando se enteran de una oportunidad que es fácil de lograr y ventajosa, es menos probable que desconfíen. Se inclinan fácilmente a ofrecer dinero en efectivo a alguien con "una historia de mala suerte".

Enfoques para dejar de ser manipulado

Seamos honestos - ser controlado apesta.

Quizás lo peor de ser controlado es ceder ante nuestros esqueletos en el armario. Nos sentimos tontos, frágiles y avergonzados cuando nos damos cuenta de que hemos sido víctimas de un engaño. Sin embargo, este no es el final de la historia. Si seguimos sucumbiendo a una persona manipuladora, nos sentiremos humillados por nuestro entorno y nuestra vida en general. Y puede que nos lleve algún tiempo darnos cuenta de que estamos siendo engañados. Si el manipulador es una persona persuasiva y coercitiva, cualquiera de las personalidades vulnerables mencionadas anteriormente podría tardar mucho más en liberarse de ella. Sin embargo, una vez que llegamos a esta conclusión, un manipulador cruel e insensible puede volverse vengativo, marcharse y salir ileso. La víctima, sin embargo, tendrá que sanar interna y externamente. Debido a que la manipulación está asociada con la lectura de la mente, el lenguaje corporal puede reforzar, fomentar o poner fin a la manipulación.

Tener el control

Las personas manipuladoras buscan a aquellos que son vulnerables, y solo persiguen a quienes no tienen confianza en sí mismos, creen que son débiles o son poco conscientes de su realidad en primer lugar. Hemos hablado de leer las emociones y los sentimientos internos de otras personas, que no siempre son visibles en su comunicación verbal. Comprender la manipulación te ayudará a diferenciar entre lo que se considera apropiado y lo que se considera una táctica de manipulación. De este modo, no sólo serás capaz de trazar la línea cuando se trata de entender las emociones y percepciones subyacentes de otras personas, sino que también serás capaz de juzgar y discernir cuándo alguien está intentando aprovecharse de ti. Podrás comprender las sutilezas de una situación sospechosa.

Tu Kit De Herramientas

1. *Conócete a ti mismo y tus habilidades* - Saber qué es importante para ti y cómo puedes lograrlo, o al menos, iniciar un camino para lograrlo, es el primer paso para desarrollar la autosuficiencia y la confianza. Esto también te proporcionará un terreno firme para desarrollar tu integridad y mejorar tus habilidades actuales. Si sabes que puedes alcanzar la grandeza, alcanzarás la grandeza. Si no tienes la más mínima idea de lo que es importante para ti, no podrás decidirte por las opciones que más te sirvan. Si estás indeciso sobre lo que quieres o sobre cómo puedes obtener tus objetivos, tu incertidumbre creará más dudas y hará que te cuestiones. Esta incertidumbre da a los manipuladores la posición ventajosa que están buscando.

2. *Respira profundo y date cuenta, esta es tu vida* - Eres el capitán de tu propio barco, y siendo así, puedes elegir hacer lo que quieras. Sin embargo, si estás leyendo este libro, estás buscando mejorar tu comprensión de

CÓMO UTILIZAN LOS MANIPULADORES EL LENGUAJE CORPORAL

las personas que te rodean. Recuerda, no olvides mirar en tu interior. Mantente feliz y mirando hacia el futuro, enfocado en las metas que te has propuesto. ¡Rara vez un manipulador intentará aprovecharse de una persona que sabe quién es y hacia dónde se dirige!

3. *Algunos individuos dirán cualquier cosa para conseguir lo que necesitan* - Es cierto, incluso los que desconfiamos de la coacción de otras personas no estamos dispuestos a aprender la lección una y otra vez. Las personas que prometen el mundo rara vez cumplen con sus palabras - a no ser que se trate de tu exagerada madre. Al comprender las razones por las que confiaste y fuiste decepcionado, has aprendido la lección. Comprende las razones, desconfía de ellas y sigue adelante. No hay razón para volver a pasar por la misma situación una y otra vez.

4. *Cuando alguien no acepta un no por respuesta* - Cuando dices que no, ya consideraste las opciones y tomaste tu decisión. "No" es una palabra poderosa. No necesitas el permiso de nadie más para tomar la mejor decisión para ti. También es bueno saber que cuando digas "no", tu receptor deberá respetar tu decisión. Puedes tomarte algún tiempo para que acepten tu punto de vista, pero al final, todos preferimos saber que nuestro amigo está asumiendo la responsabilidad de su propia felicidad en lugar de sentirse culpable u obligado a hacer algo que no quiere hacer. Y si el otro no te respeta, has descubierto a un manipulador.

5. *Manteniendo intactos tus valores y moral* - Si te encuentras en una situación en la que no te sientes bien, detente de inmediato y pregúntate por qué. No hay nada de malo en hacer concesiones e intercambios siempre y cuando tu confiabilidad o integridad no estén en juego. Es mejor decir que estás lidiando con un conflicto interno y salir de una situación, que hacer algo que te haga sentir incómodo, cosificado, impotente o algo peor.

6. ***Tómate todo el tiempo que necesites para considerar tu elección*** - Tomar una decisión precipitada es una estrategia de manipulación común. Lo ves todo el tiempo en marketing. Esta oferta sólo está disponible por tiempo limitado, y así sucesivamente. Si necesitas tomar una decisión importante y tienes un plazo ajustado, ¡recuerda que nadie tiene poder sobre ti excepto tú! Incluso si un trauma parece ser genuino, es tu elección involucrarte o dar un paso atrás. Reconoce que la emergencia de otra persona no es tu emergencia. Tómate el tiempo que necesites para tomar una decisión informada. No cedas a la presión de grupo. Y si la respuesta llega rápida e inequívocamente clara, actúa por todos los medios. Asegúrate de hacerlo bajo tus términos.

7. ***Recuerda, no a todas las personas les gustarán tus elecciones*** - Las personas que se preocupan por ti y tu felicidad respetarán tu derecho a tomar tus propias decisiones. No habrá otra opción si realmente les importa. Las personas que te presionan lo hacen por alguna de estas dos razones: sus valores o acciones están en duda y requieren que tú estés con ellos, o no se preocupan por ti y no respetan tu decisión. Una persona que realmente se preocupa por ti comprenderá tus deseos y necesidades.

14
El Lenguaje Corporal y el Engaño

Es difícil detectar el engaño. Puede ser más fácil si conoces a la otra persona, pero no es infalible. Puedes tratar de comparar sus comportamientos cuando dicen la verdad y cuando sospechas que intentan engañarte. Es fundamental prestar atención a una amplia gama de pistas.

A continuación se enumeran algunas de las señales de mentira más comunes:

- Mano que cubre la boca: es un gesto subconsciente que podría significar tratar de suprimir u ocultar algo. Cubrirse la boca es una forma discreta como el gesto "shhh" en el que un dedo se coloca verticalmente sobre los labios.
- Tocarse la nariz es un signo que tiene muchas interpretaciones.

- Picazón en la nariz: puede significar que el hablante está tratando de ocultar su propio engaño. Si lo hace el oyente, podría significar que tiene dudas sobre lo que dice el hablante.
- Frotarse los ojos es en realidad el intento de su cerebro de bloquear el engaño, la mentira y la duda.
- Tirando de la oreja: es la versión para adultos que usan los niños que quieren bloquear los sermones de su madre. También puede significar que el oyente ha tenido suficiente y puede querer ser el que hable.
- Rascarse el cuello es un signo de duda o incertidumbre.
- Tirar del cuello de la camisa es una señal que puede significar que la persona está tratando de ocultar algo o está mintiendo.
- Dedos dentro de la boca - es un impulso para volver a la sensación de seguridad que tenían cuando eran niños al mamar el pecho de su madre. Esto sucede cuando uno está bajo mucha presión y también está conectado al engaño.

Errores del lenguaje corporal a evitar

Probablemente sepas que el lenguaje corporal tiene un impacto significativo en cómo otras personas te perciben. Si no te vigilas a ti mismo, podrías parecer desinteresado, aburrido, deshonesto o perezoso. Hemos compilado una lista de algunos de los errores de lenguaje corporal más comunes que cometen las personas.

Inclinarse Hacia Atrás

Al tener una conversación con otra persona, inclinarse hacia atrás puede significar desinterés. También puede interpretarse como desdeñoso. Si quieres que la otra persona sepa que estás interesado en lo que tiene que decir, siéntate derecho o inclínate.

Brazos/Piernas Cruzadas

Esto también connota desinterés. También te hace parecer cerrado. En lugar de cruzar los brazos, puedes colocar los brazos a los lados o sobre la mesa frente a ti.

No Hacer Contacto Visual

Si no haces contacto visual, significa que estás evitando algo. Muestra tu sinceridad haciendo contacto visual.

Hacer Mucho Contacto Visual

No mirar a los ojos de otra persona puede hacerte parecer deshonesto, pero mirarla demasiado tiempo podría interpretarse como una señal de agresión. Puede ser intimidante e incómodo para el receptor de la mirada. Durante una conversación, sostén su mirada durante unos dos segundos antes de apartar la mirada. Haz contacto visual de vez en cuando.

Manos Juntas

Las personas que están bajo mucho estrés suelen hacer esto.

Manos Ocultas Detrás De La Espalda O En Los Bolsillos

La mayoría de las veces, esta es una acción inconsciente. Se percibe que la persona que hace esto oculta algo.

Tocarse La Cara

Esto también se hace a menudo inconscientemente. Es una señal de engaño.

Demasiado Asentir

Asentir es un gesto positivo. Sin embargo, hacerlo demasiadas veces podría hacerte lucir débil y poco sincero. También puede ser un signo de indiferencia.

Estar Inquieto

La inquietud es un signo de incomodidad o aburrimiento.

Hombros Caídos

Puede ser un signo de insatisfacción o infelicidad.

Envolver Los Pies/Tobillos Alrededor De Las Patas De Una Silla

Esto es similar a tener las manos juntas. Es una señal de incomodidad.

Gestos Grandes

Hacer grandes gestos (cuando no estás actuando en un escenario) se considera arrogante.

Apuntando Tus Pies Hacia El Lado equivocado

Cuando hablas con otra persona, tus pies podrían estar apuntando en su dirección. Sin embargo, hay ocasiones en las que inconscientemente apartas los pies de la otra persona.

Acariciar Tus Piernas

Esta es una señal de incomodidad.

Mirar Tu Teléfono O Weloj

Cuando crees que nadie está mirando, alguien sí se dará cuenta. Connota desinterés o aburrimiento. Sin embargo, es diferente cuando estás esperando un mensaje urgente. Entonces puedes revisar tu teléfono.

Falla Al Imitar

Si no escuchas atentamente a la otra persona mientras habla, no puedes "reflejar" su lenguaje corporal. Hemos discutido la importancia de la imitación en los capítulos anteriores.

El lenguaje corporal es importante en cualquier conversación. Tómate el tiempo para pensar en la lista anterior. Toma el control.

Palabras Finales - Lenguaje Corporal

Al aprender los principios del lenguaje corporal y la comunicación no verbal, aprendes a detectar más cosas propias. Lo mejor de aprender el lenguaje corporal es que es divertido. Las reuniones se vuelven más interesantes, al igual que las interacciones cotidianas. La capacidad de decir, presiento que... o tengo la impresión de que... es muy poderosa y muestra comprensión.

El comportamiento humano es complicado. Debe ser enfatizado que ningún gesto aislado debe tomarse como una imagen completa. Es simplemente una parte del rompecabezas. Gran parte de cómo interpretamos a las personas y formamos opiniones ocurre a un nivel inconsciente. Esto a menudo nos da nuestras intuiciones. Si podemos aprenderlos conscientemente, nos dará una mayor comprensión de cómo se generan algunas de estas intuiciones. Esto nos da una mayor oportunidad de comprender y reexaminar estas intuiciones. El estudio del lenguaje corporal y la comunicación no verbal se aborda mejor como un estudio continuo. Intenta desarrollar una curiosidad natural y recuerda tomar las cosas en pequeños pasos. Comienza eligiendo un patrón particular de comportamiento y concéntrate en tomar conciencia de él. Una vez que puedas identificar fácilmente este patrón, continúa y concéntrate en otro.

Aprender todo a la vez puede parecer abrumador. Piensa en el chocolate o la barra de caramelo del Toblerone. Si intentaras comerlo todo de una vez, sería doloroso porque el chocolate es duro en tu boca. Sin embargo, romperlo en trozos más pequeños permite que se coma fácilmente. Practica y comienza a observar los comportamientos de las personas en diferentes situaciones. Mira en las revistas. ¿Qué dice el lenguaje corporal de esa persona? ¿Es congruente con lo que están tratando de transmitir? Si es así, ¿por qué? ¿Si no, porque no? Intenta ver la televisión en vivo con el sonido bajo. ¿Qué puedes detectar?

Aprender esta habilidad mejorará no sólo tu negocio sino también tus relaciones. La gente tiene una fascinación con el lenguaje corporal. Es posible que te encuentres a ti mismo como el centro de atención a medida que muestres tu nuevo conocimiento.

Milton Keynes UK
Ingram Content Group UK Ltd.
UKHW011815050923
428107UK00005B/195